世界を制したリーダーが初めて明かす

事業拡大の最強ルール

MASTERS of SCALE

マスター・オブ・スケール

リード・ホフマン　ジューン・コーエン／デロン・トリフ　大浦千鶴子 訳

マガジンハウス

はじめに

——世界的リーダーたちに真の起業家精神を学べ

誰もが、自分なりに、周囲の人々に何らかの影響力を持ちたいと望んでいるものだ。とりわけ、家族や友人や同僚などの身近な人々に対して。

なかには、高い目標を定める者もいる。自分のアイデアが周りを越えて普及し、地域社会へ広がり、やがて面識のない人々にまで影響を及ぼすようにならないだろうか、と。

さらに一部ではあるが、もっと大きな夢を抱く者もいる。「世界を変えたい」と。

誰もやったことのない——あるいは、少なくとも誰もやったことがない方法で——事業に挑み、古いモデルを打破し、独自のビジョンによって、社会に大きな変革と成長をもたらそうという人たちだ。

われわれが持つ「事業規模の拡大＝スケール」という大きな夢である。

本書では、**「事業を拡大すること」は単なるデータの蓄積ではなく、心や意識の問題でもあると考えている。欠かせないのは確たる信念であり、それと同量の、失敗を厭《いと》わない情熱である。**

そもそも会社の創業者でもあるわれわれは、スタートアップにとって何が問題なのかは、よくわかっているつもりだ。とりわけ、この不確実性の時代においては。

起業家としての成功への道は険しく、時にリスキーな冒険だ。この冒険には、矛盾や、予期せぬ展開が次々に待ち受けているだろう。それでもなお、成功に通じる起業家のマインドセットを培うことができると信じている。

本書で話をしてくれた経験者たちの話を読んでいただければ、意外な真実を目の当たりにするだろう。

■事業拡大《スケール》の可能性が高い名案ほど、もっとも非現実的に見えることが多い。
■スタート時に何らかの抵抗と出くわすのは「吉のサイン」である。
■適切な人物から、早い時期に率直なフィードバックを受けることは、アイデアを磨くうえで大きなメリットをもたらす。
■特に事業の初期段階において、あえて拡大させないという方針をとると、やがて劇的なスケールが実現する場合がある。

■自分が想定していたことすべてが間違いだったと判明しても、事実を受け入れて計画を修正すれば、十分に目標を達成することができる。

これらの教訓は、本書に登場する起業家たち——ビル・ゲイツ、マーク・キューバン、Starbucks《スターバックス》のハワード・シュルツ、Netflix《ネットフリックス》のリード・ヘイスティングス、Apple《アップル》のアンジェラ・アーレンツ、Google《グーグル》のエリック・シュミット、Yahoo《ヤフー》のマリッサ・メイヤー、Airbnb《エアビーアンドビー》のブライアン・チェスキー、YouTube《ユーチューブ》のスーザン・ウォジスキら——から教えてもらったことだ。どの起業家も時代のアイコンであり、また、既存の価値観を打ち破って、現在の世界のビジネスをつくってきた立役者たちである。

彼ら、彼女らは、産業界のみならず世界的な非営利団体にも関わっており、その出身地は地方から大都市までさまざまだ。なかには低所得者向け公営住宅で育った人物もいる。ページをめくるにつれて、彼らの恥ずかしい間違いや暗い敗北の過去も明らかになる。

彼らへのインタビューは、すべてリード・ホフマンによって行われた。ホフマンは、これまでPayPal《ペイパル》やLinkedIn《リンクトイン》を含むスタートアップに尽力し、さらにエンジェル投資家として、またベンチャー・キャピタルのグレイロック・パートナーズの投資パートナーとして、Airbnb、Facebook《フェイスブック》（現Meta《メタ》）、Dropbox《ドロップボックス》といった企業に可能性を見出《みいだ》し、投資をしてきた人物だ。

ホフマンが運営するポッドキャスト『MASTERS of SCALE《マスター・オブ・スケール》（スケールの達人）』は、2017年にスタートし、チャンスに際しても、ピンチに直面しても、起業家やビジネスリーダーたちが知恵を授かるべく立ち返る拠《よ》りどころとなってきた。現在、200カ国以上に何百万もの熱烈なリスナーを持ち、しかも、完全聴取率は75％だ。世界でももっとも多くのリスナーを獲得したポッドキャストのひとつとなっている。

スタートアップについて内部事情をよく知るホフマンだからこそ、インタビューで突っ込んだ質問ができる。現場に身を置いた経験者のひとりとして、単なるジャーナリストが思いつかないような質問をゲストに投げかけ、彼らの本音を引き出すことができるのだ。


一方で、ホフマンには現代のレジェンドたちも、われわれと同じ悩みを持つ人間だという認識もある。いくつかのテーマは、人間関係、問題解決、そして目的や意義について、非常に初歩的で素朴な思いから生まれている。

われわれは、ダイナミックな変化の時代に生きている。では、この世界に何か新しいものを持ち込んでスケールしたいと思ったときに、それを実現する条件は何だろう？

それを実行するのは若者である必要はない。エンジニアやプログラマーである必要もないし、シリコンバレーに住む必要もない。ましてや巨額の資金も必要ではない。

実のところ、**本書で紹介する企業の多くが5000ドル（約65万円）足らずで開業している。何より重要なのは知識と洞察力とインスピレーションなのだ。**

さあ、リーダーたちの出番だ。彼らのストーリーを思いきり楽しみ、アドバイスを心に焼きつけてほしい。そして、読者のみなさん自身の旅を始めてほしいのだ。

目次

第2章 最初から拡大を狙わない

Y combinator
Airbnb
Google
Donors Choose
Spotify

第3章 ビックアイデアをつかみとる

Netflix
Instgram
Thrive Global
Google
Microsoft
Facebook
Ellevest

MicroSolutions
Instagram
Dropbox
Canva / Blogger
Twitter / Medium
Flickr

第4章 企業文化を構築する

Tory Burch
PayPal
Novell / Google
YouTube / iLike
SurveyMonkey
LinkedIn
Affectiva

第5章 成長は時に早く、時にゆっくり

Starbucks
Duolingo
DonorsChoose
Instagram

第10章 社会的なミッションを打ち出す

第1章

「ノー」から学べ

148回の「ノー」をバネに

キャスリン・ミンシューは、ザ・ミューズ（The Muse）というキャリア支援ウェブサイトの共同創設者兼CEOだ。ウェブサイトを立ち上げるアイデアを投資家たちに説明したとき、彼女は立て続けに148回も断られた。

キャスリンのアイデアは——起業家精神に溢れた多くのアイデアと同じく——自身の体験から生まれたものだ。

10代の頃から国際関係の仕事に憧れ、キプロス共和国の在米大使館に勤務するも、想像していた外務職員のイメージと現実が遠くかけ離れていることに気づき、マッキンゼー&カンパニーに転職、ニューヨーク支社に3年間勤務する。キャリアアップを目指しながら、突然、転職活動というものが、期待とは違い、人間性を奪い取るようなものに思えてきた。

「求人情報サイトでキーワード検索したら、ヒット数は5000件を超すほどですが、どれも同じように見えたんです。今からキャリアを積んでいこうというのに、何の示唆もない。就活体験ってもっと違うはずでは、と」

そこで彼女は、マッキンゼーでの元同僚——その後、ザ・ミューズの共同創業者となる——

アレックス・カボウラコスを相手にブレインストーミングを始める。

――ユーザーひとりひとりの求職活動を中心に据えたキャリア情報サイトをつくるのはどうかしら？

――応募書類を出す前に、社内の様子をサイトで見られたらいいね？

――求職者が、サイトを通じて専門家に相談できるようにしたら？　たとえば給与交渉のやり方とか、管理職に就いた場合とか。

こういうのって、運がいい人なら身近なメンターや上司に教えてもらえることよね？

お互いの体験をシェアし、ともに何をつくり出せるか思い描くほどに、2人にはチャンスがはっきりと見えてきた。

「2晩ほどホワイトボードに向かい、アイデアについてあれこれ話し合って、ついに確信したんです。信頼され愛される個人向けキャリアサイト、専門職に就いて間もない人たちに必要なアドバイスに重点を置いたサイト、そういうものを立ち上げるチャンスはあると」

キャスリンとアレックスは、ユーザーたちの人生にザ・ミューズが果たす役割について明確なビジョンを持つことができた。

だが、2人に見えていたものが誰の目にも見えたわけではない。

「投資家の人たちにプレゼンを始めたとき、2つの大きな問題にぶつかりました。ひとつは、ほとんどの投資家が私たちの立ち上げるサイトの典型的なユーザーモデルと合致しないことでした。彼らは昔ながらのベンチャーキャピタリストですから、もともとキャリアの面で成功している人たちです。一流大学を卒業して、銀行か未公開株式投資会社で経験を積んだ人がほとんど。多くが、快適で、豊かな人脈を通じて就職します。というわけで、このサイトのコンセプトを売り込もうとした相手からは、私たちはひたすら困り顔で見つめ返されました」

2つ目の問題は「現状に満足しきって、従来のやり方にとらわれていること」とキャスリン。「たぶん、20年間一度もご自身で職探しをしたことはないと思われるベンチャーキャピタリストが、私のプレゼンを聞いたその場で、モンスター・ドットコム（老舗の大手転職サイト）を開いて言ったんです。『どうもわからんな。僕にはこれで十分だと思うがね』と。

彼らはそのサイトを実際に使ったことはないわけで、たとえばキャリアアップの初期から中期段階にいる31歳の女性に必要な情報を、そのサイトが十分に提供できているかどうか、わかるはずがないのに」

来る日も来る日も「ノー」と言われ続けたキャスリンの記憶にある「ノー」の一部を紹介

しょう。


「僕らにはちょっと早すぎるかな。でもまた何かあったらご連絡ください」(「ノー」)

「とんだ無駄足だったね」(「ノー」)

「あまりに高額すぎませんか」(「ノー」)

「このプラットフォームじゃ事業拡大は難しいですね」(「ノー」)

「ユーザーたちが30歳になって子育てを始めたら、ひとり残らずサイトから離れていくという心配はないんですか?」(「ノー」)

「ニューヨークやサンフランシスコの女性がこのサイトを大いに気に入るのはわかるよ。だけど、それ以外でキャリア志向の女性を見つけるのは難しいんじゃないか」(「ノー」)


シリコンバレーやニューヨークで成功した投資家たちから次々に「ノー」を浴びせられたら、「否定論者のほうが正しいかもしれない」と自問せずにいられなくなるだろう。

しかし、キャスリンは理屈ではなく、本能的な自分の直感を信じた。彼女は、この「ノー」を繰り出す面々に対して、心のなかで「そもそもあなたはキャリア女性について知っているの?」と問いかけ続けた。

10代からデジタル環境になじんだミレニアル世代の女性についてなら(大半が白人の中年

男性である）投資家より、キャスリンのほうがはるかに多くのことを知っていた。

現在、ザ・ミューズは1億人近いユーザーにサービスを提供している。資本金は2800万ドル（約36億円）を超え、スタッフは総勢200名に増えた。

キャスリンはいくつもの「ノー」にもかかわらず成し遂げたのだ、とついつい考えたくなるだろう。しかし実は、あの148回の「ノー」のひとつひとつが、最終的には彼女のビジネスを強大にしてくれたのだ。

彼女のイメージを鮮明にした「ノー」もあれば、競合他社の思惑を把握するうえで役立った「ノー」もある。多くの「ノー」のおかげで、キャスリンは、この事業が失敗する危険性について早くから警戒感を持って臨むことができた。

的外れの「ノー」

1904年、キング・ジレットのアイデアにより、それまで何百年もの間、行われてきた髭剃《ひげそ》りの習慣が変わった。男たちは、安全のために理髪店などでカミソリを顔にあてて髭を剃ってもらっていた。しかしキングは1枚刃をヘッドに入れて、それをホルダーに装着し、自宅で自身の手で安全に髭を剃ることを可能にした。それが、大量市場シェービング産業の始まりだった。

それから20年も経たないうちに、「ジレット」の安全カミソリの特許が失われると、新しい競合他社は、人目を引くため（と、特許取得のために）刃の枚数を増やし、使い捨ての1枚刃から替刃式3枚刃や5枚刃、6枚刃までも市場に送り出した。刃が増え続けたことで、多くの男性が以前より手軽に良い剃り味を体感できるようになった。しかし、黒人男性のように頬髭がカールしている人々にとっては、逆に埋没毛や毛包炎やカミソリ負けといった痛みを伴う症状が起き始める。彼らにとって髭剃りは以前よりも不快になったのだ。

ここに登場したのがトリスタン・ウォーカーである。ウォーカー&カンパニー（Walker & Company）の創業者兼CEOだ。その主力製品ベヴェル・トリマーは、硬く縮れた髭を剃るのに適した1枚刃のカミソリであり、会社設立の目的は、自身と同じ黒人たちの健康と美容のために製品開発・販売を行うことだった。


トリスタンがシリコンバレーでウォーカー&カンパニーを立ち上げようと動き始めたとき、少なくとも3つのポイントから常識に反していると見なされた。

まず、一般消費者向け商品の企業を、テック産業好みのマーケットで興《おこ》すこと。

次に、投資家のほとんどが白人であるのに、商品は黒人向けであること。

そして、彼自身がエンジニアではないこと――テック企業に詳しいCEOが優位に立つエコシステム（収益活動協調体制）であるにもかかわらず。

しかし、シリコンバレーで成功するために必要なのは、旺盛な好奇心であり、トリスタン・ウォーカーの好奇心は並外れて強かった。


ニューヨーク市クイーンズ区の「貧困世帯向け住宅で育った」ことを自認する彼は、家族と生活保護を受けて暮らしたこともある。

「僕の目標はたったひとつ。それは、できるだけ早く、できるだけ裕福になること」

そのための手段として、「俳優かスポーツ選手になることや、ウォール街で働くことも考えたが、それは難しいとわかった。残るは起業家だ。『ここに可能性があるはず』と気づいて、その日のうちにスタンフォード大学ビジネススクールに出願手続きをした」

2008年にカリフォルニア州スタンフォードに到着したトリスタンは、たちまち、活気に満ちたシリコンバレーのエコシステムに魅了された。

「当時24歳、同じ歳の若者が何百万ドルも稼ぎ、世界を変えているのを目の当たりにした。『うわぁ、何で僕はこのことを知らなかったんだ？』と思ったよ」

トリスタンはビジネスを学び始めると同時に、身の周りで起きるあらゆる技術革新にも関心を深めていく。そうして熱中したのがツイッターだった。

当時、このソーシャルメディア・プラットフォームは、月間ユーザー数50万人ほどの和気あいあいとしたコミュニティだった。トリスタンは、その活発なメンバーのひとりとなったが、大学のクラスメートたちには理解してもらえなかった。

ただし、それはラッパーのMCハマーとの運命的な出来事が起きるまでの話だ。

「会計学の授業を受けていたとき、MCハマーがキャンパスに来てスピーチする予定だったのを思い出して……」とトリスタン。「気がつくと、周りが何やらざわついていたんだ。彼が本当に来るのか、みんな半信半疑だったみたいで。さっそく僕はツイッターを開いて、MCハマーにメンションを飛ばして尋ねてみた。『来るんですかね？』と。すると30秒後には返事があり、僕はクラスメートたちに言ったよ。『おい、彼は来るよ。ほら、見てみろよ』」

何曲ものプラチナディスクに輝くアーティスト本人から返事がもらえたんだ！

これをきっかけに、トレンドを見分ける能力が自分にはあるという自信が生まれた。

「ツイッターの役割がどんなに重大か気づいた。そして、**一見つまらなさそうなアイデアが実は良いアイデアだったりもするとも理解したん**だ。だって、テーブルを囲んでいた他の連中ときたら『なんでツイッターなんてやるの？　これに何の意味がある？　誰が朝食に何を食べてるかなんて、どうでもいいよ』と言ってたからね。そこにこそ僕が飛び込んで行くべき何かがあると思った」

トリスタンはソーシャルメディアの力を予測していただけではない。自分の直感を信じることの重要さを感じ始めたのだ。

彼にはオープンスペースを見つける才がある。他の人たちには「ノー」と見えるところに、トリスタンには「イエス」が見えたのだ。**「ノー」ばかりのフィールドに「イエス」を見出すのが早ければ早いほど、チャンスは大きくなる。**

ツイッターの初期ユーザーとして、彼はツイッター社（Twitter）の力になりたいと思った。知り合いに片っ端から電話をかけ、会社とつながりがありそうな人を自分なりに見つけようとする。

「20人見つかったので、その人たちにメールした。最後のひとりが、デイビッド・ホーニックだった。スタンフォード大学の教授で、オーガスト・キャピタルの投資パートナーでもある人物だ」

後に、実はデイビッドはツイッター初代CEOのエヴ・ウィリアムズの旧友でもあるということがわかる。

トリスタンは、デイビッドと彼のオフィスで面会し、その2日後、エヴから実務研修のオファーを受け取る。これが、なんと2008年のこと！　当時のツイッターの従業員は総勢20人。つまり、トリスタンはクラスメートに先んじて会社のポテンシャルを見抜いていただけでなく、マーケットにも先んじたということだ。

ツイッターの研修期間を終えて間もなく、トリスタンは次のメール作戦を開始する。フォースクエア（Foursquare）という発足したてのスタートアップの創業者をターゲットに。するとまた、CEOのデニス・クローリーから返事がきた。

「デニスからの返信を決して忘れることはない、一字一句を今でも再現できるよ。『トリスタン、ちょっといいですか？　ひょっとすると君の提案の一部を受けられるかもしれません。君はニューヨークに頻繁に来たりしますか？　デニスより』

これだけだ。そのとき、僕はロサンゼルスの家で妻とソファに座っていて、彼女に『何て返事したらいいだろう？』って相談した。そして10分後に『実は、ちょうど明日行く予定でした』とメールで返信。その晩、飛行機の予約をして、翌朝ニューヨークに飛び、それからの1週間は彼らと行動をともにしたよ。僕がこの会社の事業開発担当になったのは、それから1カ月後だった」

ここでの教訓は、トリスタンの粘り強さだけではなく、彼の先見性だ。

2012年、トリスタンは「フォースクエア（位置情報を利用したSNS。フォースクエアの技術はツイッターのタグ付け機能に利用された）」に関わり、事業開発チームを一からつくり上げる。

「このとき、そのプラットフォームを利用する業者はゼロ、ブランドもゼロだった。フォースクエアを去ることになった頃には、業者数は100万を超えた。僕らはたった3人で始めて、辞める頃にはスタッフが150人になっていた。率直に言うと、僕は外に打って出て、野心的な事業を自分の手で築きたいと思い始めていた」

彼は次の動きを計画するのにうってつけの場所に着地する。ベンチャーキャピタル会社のアイコン的存在アンドリーセン・ホロウィッツの共同設立者、ベン・ホロウィッツから客員起業家（EIR）としての視野で新しいビジネスを企画してみないかと誘われたのだ。

トリスタンは数カ月間、ひたすらビッグアイデアをひねり出そうとしていた。

「銀行を興すのもよし、貨物やトラック輸送の整備もいいと思っていた。国内の肥満症対策にも興味があった……」

そして突然、ひらめいたのだ。「僕自身はとにかく毎日の髭剃りにストレスを感じていたんだ」と。

快適な髭剃りなんて、アイデアの規模が小さすぎると思うかもしれない。しかし、**起業可能なアイデアは、大規模である必要はない。むしろ、なおざりにされてきた問題を扱うことがポイント**だ。

そしてトリスタンが髭剃りの歴史を調べるほどに、ますますはっきりとわかってきたのは、顔に硬くカールした髭が生える黒人男性たちが時代に取り残されているという事実だった。カミソリ負けや毛包炎が日常化していながら、それが当たり前だと思うまでになっていた。

トリスタンは、カミソリ負けを解消する製品だけでなく、健康と美容の全般を扱う企業をイメージした。黒人男女に特化した製品を開発するプロクター&ギャンブルのような世界的ブランドと肩を並べる会社を。けれども、プレゼン会場に集まった大半は白人で――ストレートヘアの――男性投資家たちなのだから、そのビジネスアイデアが、緊急性も含めて理解されるのは容易ではなかった。

投資家が往々にして見逃すのは、自分たちとは違う社会に生きる購買層が相手のビジネスチャンスだ。たとえば……

「ニッチすぎる」(「ノー」)
「必要としている人がいるなんて、誰も思わないでしょうね」(「ノー」)
「業界にはもう、大きな資金と特許を持った巨大なプレイヤーがいますから」(「ノー」)
「それをシリコンバレーでやろうとは、狂気の沙汰」(「ノー」)

ところが、時に、多くの反対派を尻目に早々と賛意を表明する投資家が現れることがある。トリスタンの場合、それがあのベン・ホロウィッツだった。
「くだらないアイデアだと思ったら、ベンならはっきりそう言ってくれるとわかっていた。実際にそう言われたこともあったし」とトリスタン。「そしてついに、アイデアをベンに話すと、彼は『それは名案じゃないか』と言ってくれたんだ」――ベンに黒人の親戚がいることは、注目に値する。

「僕がやっと何かをつかめた瞬間だった」

これは楽観的な反応に思えるかもしれない。なぜ、たったひとつの支持が、他の投資家から浴びせられた多くの「ノー」以上の意味を持つのか？

手短かに答えよう。「ノー」にはいろいろあるからだ。

重要な「ノー」もあるが、それ以外はすべて意味のない「ノー」ということである。**「中身のあるノー」なら、アイデアを修正することができる。「懐疑的なノー」はチャンスを再考するきっかけになる。傾聴する価値のある「ノー」もある**ということだ。

しかし、**「怠慢なノー」に耳を貸してはならない。**素早く先に進むのが賢明だ。

トリスタンには、こうした違いを聞き分ける鋭い耳があった。プレゼン中にも、参加者が彼の話に集中しなくなった瞬間をピンポイントで感知できる――そのとき用いたパワーポイントのスライド番号まで正確に。

「ちょうどスライドを使って「プロアクティブのにきびケア」の仕組みについて話していたんだ。そのとき、あるベンチャーキャピタリストが僕を見て、忘れもしない、こう言った。『トリスタン、その毛包炎や肌荒れに関する問題は、にきびの悩みほど深刻なのかね？』。これに対して僕は『試しに電話で黒人男性10人と話してみたらいいと思いますよ。そのうち8

人は、永遠に消えない悩みのタネだと言うでしょう。白人男性10人とも話してみてください。そのうち4人は同じことを言うはずです。女性と話しても、同じ結果でしょう』と返した」

このときトリスタンには、そのベンチャーキャピタリストの指摘が自分のアイデアのクオリティと関係ないと気づいた。そもそもトリスタンのアイデアのコンテクストをつかもうとする気がないのだ。

「怠慢ですよね。でも、どうすることもできない。だから、僕としては前に進んで、理解してくれる人を見つけることにした」

ここで大切なのは、気のない質問のなかにある「怠慢なノー」をトリスタンが探知したとたん、彼の意識が次の投資家に向くことだ。プレゼン中に質問のクオリティが落ちると、そこで実質的な会話は終わったと彼は判断する。

受け取った「ノー」の数がどれほど多くとも、正当な「イエス」がひとつあれば十分だ。トリスタンの場合、その「イエス」は、ラップ・スターで投資家のリル・ナズ・Xからのものだった。

「ナズと会ったのは、アンドリーセン・ホロウィッツを通してです。2人ともクイーンズ区の出身で、ナズは僕がずっと尊敬していた人物。個性的なヘアスタイルで有名なスターだから、ベヴェル・トリマーは打ってつけだと思いました。僕は、まず商品がいかに本物であるかについて話し始めたんですが、5分かそこらでナズは『参加するよ。それで、俺は何をすればいいんだい?』と言ってくれたんです」

ベヴェル・トリマーが新製品として完成すると、トリスタンは、トリマーの外箱にナズの顔写真を付けてメッセージを送った。ナズからの返信は、「『トリスタン、俺は一生に一度でいいから、トリマーのパッケージに顔を載せてみたかったんだぜ。ありがとう』だった。夢のような瞬間でした」とトリスタンは回想する。

その後、ナズは2016年夏のヒット曲のコーラス部分にベヴェルの名を入れ、それによってトリマーの販売率は3倍上昇した。


投資家コミュニティからトリスタンが受け取った多くの「ノー」のなかでおそらく投資家にとってもっとも恥ずべきものは、トリスタンのアイデアは「小さい」と思い違いした「ノー」だろう——トリスタンは2017年にこう言っている。

「多くの人から、僕らは黒人向けのプロクター&ギャンブルをつくろうとしていると言われる。まるで隙間市場の話のように受け止めているんだ。でも、黒人は世界のマジョリティだ。だから、もし僕らが黒人向けのプロクター&ギャンブルだとしたら、じゃあプロクター&ギャンブルはいったい何だ?　ってことだよね」

2018年、ウォーカー&カンパニーは、トリスタンがCEOに留まる形で買収オファーに応じた。買収したのは？　他でもないプロクター&ギャンブルだ。

ホフマンの分析

既成概念にとらわれない発想からビッグアイデアは生まれる

起業と投資に関する第一の真実

新たなビッグアイデアは、既成概念にとらわれない発想から生まれる。アイデアがビッグであればあるほど一般常識から大きく外れるため、リスクが高いと見なされ、荒唐《こうとう》無稽《むけい》とさえ思われがちだ。だが、**ビッグアイデアとはそもそも周囲から多くの「ノー」を引き出す類いのアイデア**なのである。

そして、これは実に理にかなっている。従来の社会通念に反するアイデアだからこそ、おそらくは他の大手企業やライバル会社が今までそれを試すこともなく、また、すでに他の起業家がそのアイデアによって成功を収めていることもないのだ。

「反逆的思考を持つ」ことは根本的な法則のひとつである。既成概念にとらわれず、そのうえで適切に思考することによって、他者に先駆けて有利なスタートを切れるのだ。

グーグル（Google）の初期段階では、検索サービスは広告で利益を得るには最悪の方法であると見られていた。

当時、有益な広告の評価基準は、ページビューとサイト滞在時間だった。「検索」だと利用者はサイトからあっという間にいなくなってしまう。これが優れたビジネスモデルと考える者などひとりもいなかった。しかし、グーグルはそのビジネスに打って出て、オンライン広告のルールを書き換えた。

ＴＥＤトーク（TED Talks）については、どうだろう？

本書のもとになったポッドキャスト『マスター・オブ・スケール』制作者のひとり、ジューン・コーエンが、ＴＥＤトークをオンライン配信するというアイデアを投資家たちに持ちかけたとき、「アイデアが小さすぎる」というのが大方の意見だった。録画した講演をネット配信する？　いったいどこの誰が見るというのだ？　それに、コンテンツを無料で提供すれば、高額な費用を要する講演会というビジネスモデルをひっくり返すことになりはしないか？

だが、実際には真逆のことが起きた。
TEDトークの人気は短期間に急速に高まり、同時に、講演会の需要も大幅に拡大したのだ。その後の数年でチケットの値段は5倍にまで上がった。

もしあなたが既成概念にとらわれないアイデアを――現状を疑い、これまでと違う方法でより快適な生活を目指すアイデアを――持ちかけるつもりなら、しっかり心の準備をして一連の拒否を受け止め、そこから学べるものは何でも学ぶといい。そして「ノー」の大合唱から価値あるフレーズを聞き分け、次に進むための手がかりにしよう。

煮えきらない「ノー」

「ノー」はいろいろな形でやってくる。役立つ情報を伴っていることも多い。そこで知っておかなければならないのは、「ノー」のなかに何があるかを見抜く方法だ。

どの起業家にも人間の本質についての持論があり、それが各自の仕事の特徴になる。ホフマンの持論は、**もっとも深い人生の意義と喜びは自分以外の人々から与えられる**、というものだ。人間は社会的な生き物である。内向的な人もいれば外向的な者もいる。ちなみに、ホフマンは自分自身を「6人以下の集まりが最適な社交家」と考えている。

2002年、ホフマンがリンクトイン（LinkedIn）のサービス開始に向けて動き始めたとき、彼は自分の望みが人と人とをつなぐプラットフォームの構築であり、その目的は人々に生きる意味と満足感を与えることであると理解していた。

彼は、ユーザーのアイデンティティやユーザーの持つネットワークがプラットフォームを構成し、そのプラットフォームを通してビジネスチャンスを見つける、と確信していた。人々がオンラインでつながる形態にはさまざまなものが考えられるが、なかでも仕事関連——求職活動が、もっとも緊急性の高い要件にも思えた。

ホフマンは、これを基調にして自分で思い描ける最大の、そしてもっとも斬新なビジネスアイデアを探し続けた——投資家たちから両極端な、たとえば、数人が「なるほど！」と思う一方、多数が「気は確かか？」と言う反応を引き出す類いの、既成概念にとらわれないアイデアを。

リンクトインは、まさしくその類いであった。ホフマンの目から見て、その価値の大きさは明らかなのに、誰ひとり理解を示さなかった。つまり彼も、驚くべき数の「ノー」を受け取ったということだ。

２００２年に、リンクトインのようなソーシャルプラットフォームが、ネット体験を改善するのに役立つかを理解できる人はいなかった。そして、誰もがアイデアは素晴らしいが、自分には関係ないと思うらしかった。

異口同音に言われ続けたのは「僕ら向きではない」という言葉だ。

若い人たちからは経験豊富な専門職向きのサービスだと思われ、経験豊富な専門職の人々からは、「若い人たちにとってはよいサービスかも」と言われた。また、科学技術者たちには伝統産業向けのサービスと見なされ、古くからの産業からは最新技術を駆使したテック産業向けのサービスだと思われた。

ホフマンたち共同創業者チームは、幅のある反応に対して、どういう行動をとるべきか決断しなければならなかった。さまざまな反対意見とあいまいな反応に耳を傾けながら。

メンバー登録をクローズドにすべきか、オープンにすべきかを熱心に話し合う。この件についてのフィードバックもあいまいで、強い賛成も反対も見受けられず、むしろ、誰もリンクトインのはっきりとしたイメージがつかめていないことが判明する。

「それならば、あえて思い切ったやり方で行ってみるか」と、最終的にメンバー登録はオープンにすることが決まった。

ネットワークへの加入をオープンにすると、そのクラブの独占性を失うことにはなるが、多くのユーザーを一気に獲得するという利点もある。そして、やがてそれらのユーザーを起点として口コミが広がっていった。

そこで、ホフマンとそのチームは、ログインせずに閲覧できるサービスも追加し、ユーザーの専門分野やキャリアを公開すれば簡単にそのネットワークを広げられるようにした。

その結果、リンクトインはバイラルループ（ウィルスが増殖するように、口コミによって急速にユーザーが増える状態）を発生させ、ユーザーが次々に友だちを呼び込むようになる。最高潮に達したとき、登録メンバーは5億人、収益は60億ドル（約7800億円）を超えた。そして2016年、リンクトインはマイクロソフトによって262億ドル（約3兆4000億円）で買収されたのである。

ホフマンの分析

両極端な反応と「煮えきらないノー」を探せ

グレイロック・パートナーズの投資パートナーたちにアイデアをひとつ提起したとき、

彼らから口をそろえて「最高だ！　やってみるべきだ！」と言われると、私は逆に心配になる。圧倒的な知性と教養を備え持つ投資家グループの誰ひとりとして疑いの目を向けないのは、このアイデアがシンプルすぎるからではないか。今にも競合他社が続々と現れて、たちどころに小さなスタートアップなど踏み潰してしまうだろう。

要するに私にとって、**全員一致の賛成はゴーサインではなく、むしろ警戒サイン**なのである。

とはいえ、全員から「おいおい、頭がおかしいんじゃないのか？」と言われたいわけでもない。私にとって一番いいのは、何人かに「頭がおかしいぞ」と言われ、別の何人かに「なるほどね」と言われることだ。つまり、私が欲しいのは両極端の反応である。

エアビーアンドビー（Airbnb）に私が投資しようと決めた経緯を、例に挙げよう。

グレイロック・パートナーズに加わっている投資パートナー、デイビッド・ズィは、この投資案件を巡って私がとんでもない間違いを犯しかけていると感じたようだ。私はそのときの彼の言葉を今も覚えている。

「どんなベンチャーキャピタリストでも、うまくいかない投資を1回はするもんだが、皆そこから学んで腕のいい投資家になっていく。エアビーアンドビーは、君にとってそういう案件になるかもしれないいな」

念のために言っておくが、デイビッド・ズィは「超」がつくほど頭の切れるベンチャーキャピタリストだ。彼は、リンクトイン、フェイスブック、パンドラに投資し、また、個人で25億ドル（約3250億円）のリターンをグレイロックのファンドにもたらした実績もある。デイビッドのように頭の切れる人から反対されれば、私も不安になる。しかし同時に、心が弾み出すのだ――「ひょっとすると、僕が正しいかもしれない」と。

他にも、特大のアイデアがあるときに私が探すものがある。それは「煮えきらないノー」だ。投資家たちにアイデアを持ちかけるとき、私は少なくとも何人かは煮えきらない態度をとってくれないかと期待する。彼らから「イエス」を取りつける必要はない。むしろ「ノー」の結論に進みながらも、その理由を説明する言葉の端々から何かを感じ取るのだ。

この**「煮えきらないノー」――「ノー」と「イエス」のはざま――は、アイデアに大きな可能性があることを暗示する**ものだ。なぜなら、最高のアイデアに対して、人はついつい「イエス」と「ノー」の両方を言いたくなるものだ。**最高のアイデアには、あらゆる人の気分を激しく揺さぶる力がある。**

ところで、エアビーアンドビーへの投資の行方は？　結局はみなさんご存じの通り。

真実を表す「ノー」

「わたしは、ダイエット炭酸飲料に依存していましたね」とカーラ・ゴールディン――のちに健康飲料ヒントウォーター（Hint Water）を開発――は言う。

「ダイエット炭酸飲料を飲んでいたわりに、体重は減らないのが悩みで、毎日30〜40分はジムに通っていましたが、ひどいニキビもできて、体力もゼロでした」

やがてダイエット炭酸飲料をいっさい飲むのをやめて、普通の水を飲み始めると、カーラの抱えていた問題は、少しずつ改善されていった。

その後、1年近く普通の水を飲み続けるうちに、体調はかつてないほどよくなったが、その一方で水の味に飽きてしまった――というより、味のなさに飽きてしまった。

そこで始めたのが、グラス1杯の水に新鮮なフルーツを放り込むことだ。しばらくして、彼女はふと思う――きっとこんなのは商品化されてるわよね？　ところが、探し回ったが、結局、どこにも見つけられなかった。

そこで彼女は決心。「わたしが製品を開発してみよう」

カーラは、砂糖も保存料も使わずにフルーツ味の飲料をつくることに着手。その一方で、ビジネスパートナー候補や投資家たちと面会を始めた。飲料業界の大物のひとりが、カーラに問答無用の「ノー」を言い渡したが、同時に最高のアドバイスをくれた。

カーラが商品のプレゼンを終えると、彼は「あのね、アメリカ人はなんと言っても甘いのが大好きなんだよ」と言った。そのなにげない言葉は、カーラに気づきをもたらした。

そうか、大手炭酸飲料メーカーの重役は、「アメリカ人は甘味のない飲料には興味がない」という確固たる前提――その是非はともかく――で会社経営をしているのだ、と。

その瞬間、彼女の「甘くない」飲料ビジネスにとって、彼らが大きな脅威にならないことが保証されたのだ。

その後、この重役は年間1億ドル（約130億円）もの大金を、みすみす逃したことが証明された。1億ドルというのは、今やどこの食料品店の陳列棚にも並ぶヒントウォーターが、絶対的甘党と断じられていたアメリカ人から得ている年間収益額である。


「**大手企業が『君は間違っている』だの『よくあるアイデアだ』だのと難癖をつけるからと言って、必ずしも、それが最悪のアイデアとはかぎらない。**実際には、そういう企業から大事なヒントを得られて、おかげで自分たちが今までとは違う何かをやろうとしているということに確信が持てるわけ。大切なのは、それをヒントと受け取って、しっかり活かして実際に走り出すことですよね」

正直な「ノー」

起業家精神に溢れるヒーローがたどる典型的な旅路、それは、あるアイデアを思いつき、それに命を吹き込むべく必死の努力を重ね、延々と繰り返される「ノー」に耐え、そしてついに資金を確保し、軌道に乗ったビジネスをさらにスケールアップし、批判した者たちが間違っていたことを実証する、という道のりである。

ところが、もしあなたが本当に最悪のアイデアを売り込もうとしていたら？　もし「ノー」を浴びせる人たちの言う通りだったら？　彼らが正しかったら、どうなるのだろう？

1996年、マーク・ピンカスは、ビジネスパートナーのスニル・ポールとともに、ニューヨーク・シティのタワーレコード前に立ち、通行人に無料のコンピュータを差し出していた。ニューヨーカーたちに向かって次なるスタートアップ――インターネット接続機能が内蔵されたコンピュータ――のアイデアを売り込もうとしていた。

マークは、インターネットは消費者には難しすぎると確信していて、誰でもあっという間にネットにつながる一体型デバイスを思いついた。「無料コンピュータで、素早く快適なネット接続」こんなの誰が断る？

だが蓋《ふた》を開けてみたら、誰ひとり、受け取ろうとしなかったのだ。なかには、マークを詐欺師だと考えて拒否した人もいる。だが、その他の人々には、もっと基本的な理由があった。彼らは新しいコンピュータを手に入れることにまったく興味がなかったのだ。「最大の理由は、今まで使っていたソフトウェアを移し替え、それから我が子のゲームやら何やらを再インストールしなければならなくなるという予感だったのです」とマークは言う。「そんなことなら簡単に解決できるのに、と僕は思ったのですが……」

しかし、そうした特定の問題に対処するうちに、マークは自分の一体型インターネットというアイデアは通用しないと認めざるを得なくなった。そして、これを打ち切りにした。アイデアはボツにしたが、その一方で、彼は自分の勘に狂いはないと感じていた。誰でも、もっと快適にコンピュータを使いたいと思っている。そんなユーザーの欲求に、大きなビジネスチャンスはきっとある、と。

その後、マークはムーブイット（MOVE it）というソフトウェアを開発する。これを使って、人々は簡単でスムーズに新しいパソコンに乗り換えることができるようになった。そしてこの技術が、さらに彼の次なるビッグアイデア、サポート・ドットコム（Support.com）——テクニカルサポートとクラウドサービスにおける先駆的なソフトウェア会社——の基盤となる中核テクノロジーへと導いた。

もしマークが**批判の声に耳を傾けていなかったら、そして、その情報を新たなアイデアに取り入れなかったら、このようなことは何ひとつ起きなかった**だろう。

サポート・ドットコムに続いて彼が興したスタートアップ——初期のソーシャルネットワーク、トライブ（Tribe）——で、同じことが再び起きる。

これを開設した2003年は、世界中に会員を持つSNS、マイスペース（MySpace）が誕生した年であり、また、その翌年にはフェイスブック（Facebook）がサービスを開始している。

「僕は30代前半でした。そして、こう思ったのです。オーケー、僕らはみんな、いろんなアーバントライブ（関心事やライフスタイルを共有する小集団）のなかで生きている。だったら、それをオンラインで体系化してみよう」と。そして、トライブ同士をつなぐネットワークをつくって、それを通じて住まいや仕事やカウチや車が見つかるようになったら、どうだろう？

いつの間にかトライブの人気は、ある一定のサブカルチャーの間で集中的に高まった。なかでももっとも有名なのは、バーニングマンに参加する集団だった。バーニングマンは、ネバダ州のブラックロック砂漠で毎年開催される大がかりな祭りであり、参加者たちの創造するカウンターカルチャー的な道具や展示物が世界の注目を集めている。

だが、トライブは、小さいながらも忠実なユーザーたちの間で人気を博す一方で、より一般的な聴取者を惹きつけることはできなかった。

当時を振り返ると、マークには見直そうと思えばできたはずの瞬間がまざまざと蘇る。重大な意味を持つ、ある強烈な「ノー」に彼が耳を傾けてさえいたら、事態は変わっていたかもしれないのだ。

「その頃つき合っていた彼女は、トライブに完全にうんざりしていました」とマークは言う。「迷惑メッセージがたくさんきたり、知らない連中から意味なく興味を持たれたりして、怖がってもいましたね。あるとき彼女に言われました。『トライブは、わたし向きじゃない』と」

正直なパートナーこそが、もっとも貴重な批評家であり、アイデアの源であるにもかかわらず、マークは彼女からのフィードバックを無視した。1名だけのフォーカスグループ（市場調査のために抽出された消費者グループ）として、切り捨てたのである。そして、やがてトライブは消滅した。

この苦い経験は、マークに重要な教訓を際立たせた。「僕たち起業家がたどる旅路のどこかに、勝ちにつながる直感と負けにつながるアイデアを区別できるようなポイントが必ずあります。大まかに言うと、**優れた起業家の直感は95%の確率で正しくて、アイデアは25%の確率で正しいと思っていい**気がします」

これに気づいたことから、「僕は、どんなアイデアにも執着しない」というメンタリティを持つようになった、とマークは言う。

ホフマンの分析

「イエス」と言うべきときに「ノー」と言ってしまった経験

どの投資家にも「逃がした魚のポートフォリオ」があるものだ。自分はあえて投資しなかったが目覚ましい成功を収めた会社のリストである。要するに、「イエス」と言うべきときに「ノー」と言ってしまった投資案件の記録だ。

私にとって、エッツィ（Etsy）はそのひとつだ。フリッカー（Flickr）の共同創業者、カテリーナ・フェイクから直接エンジェル投資家として持ち込まれた案件だった。エッツィの最初期の頃で、私はこれを見送ってしまった。

弁解がましいが、私が断ったのは、ハンドメイド製品を扱うビジネスと聞いたからだ。ハンドメイド製品は、事業拡大の対極にあるプロダクトだ。

私の見方は、書籍を扱うなら、街角の書店をつくるか、アマゾンをつくるかのどちらかしかない。チョコレートを扱うなら、グルメ向けチョコレート店にするか、新しいゴディバやネスレにするかのどちらかである。

私の反応は、こうだった。

「エッツィはおしゃれだと思うが、良い投資とはいえないな」

手作り品を用意するためのスタッフを雇い入れることはできるとしても、たちまち心配が始まるはずだ——品物はいつ、何個出来上がるんだ？　ビジネスを拡大することはできるのか？

私の間違いは、ひとたびインターネット上の情報通信ビジネスに発展すれば、確保できる人材は予想よりはるかに増えることを認識していなかった点にある。

エッツィは、サンフランシスコにあるグルメ向けチョコレート店とはまったく違っていたのだ。オンライン・マーケットプレイスに近いもので、ここの利用者は、グルメ向けチョコレート店の商品も、町に住む職人の丹精込めた自家製チョコレートも気軽に注文することができた。これに気づいていたら、私はきっとこう言っていたはずだ。

「そのビジネスに初期段階から投資できたら最高だね」

カテリーナのほうは、私とは違う判断材料で正しい判断を下していた。

エッツィに集まった最初の2000組の売り手を見ていくと、ビジネスに意欲的なばかりでなく、コミュニティ活動にも熱心なメンバーたちだった。これなら繁栄していける、と。

私ときたら……「そこらへんの雑貨屋みたいなものだ」と思っていた。背景にある巨大なネットワークが私には見えていなかった。

これは、いまだに後悔していることのひとつである。

余計なお節介の「ノー」

数々の「ノー」に耳を傾け、ぜひ建設的で率直な批判は活用してもらいたいのだが、それでも例外がある。

サラ・ブレイクリーは、レギンスと補正下着の開発で成功した起業家だ。のちにスパンクス(Spanx)として世に出ることとなるアイデアである。試作を繰り返し、特許を取り、そして数多く売り込みをかけた彼女が、ひとつだけしなかったことがある。

まる1年間、彼女は友人や家族にそのアイデアをいっさい話さなかったのだ。

フィードバックを活用することは――否定的なフィードバックならなおさら――アイデアを具体化する上で不可欠である。しかし、**特に初期段階では、できるだけ客観的な専門家の意見にとどめ、内輪には求めないほうがいい場合がある。**家族や仲間内は、失敗させたくない一心で、ついつい冷水を浴びせることがあるからだ。

「アイデアを具体化している最中に、彼らの主観を持ち込んでほしくなかったからです」

彼女が情報を集めたのは、もっぱら業界の裏も表も知り尽くしている人たちからだった。それ以外の声を遮断することによって、自分のやる気を奪いかねない批判から身を守ったのだ。

ホフマンの理論

「ノー」をとことん活用する

■怠慢な「ノー」

投資家たちがアイデアの重要なポイントを完全に見落としたり、あるいは、単純に無視したりすることがある。いずれにしても、彼らがもっと理解を深めようと努力しないのが明らかになった時点で、反対派と関わるのを即座にやめて次へ進む必要がある。彼らの「ノー」から、付加情報は何ひとつ得られないからだ。

■煮えきらない「ノー」

もっとも可能性のあるアイデアは、投資家たちに「イエス」と「ノー」を同時に言わせる。

非常に画期的である一方で、大失敗に終わる危険性もあるからだ。

■肯定的な「ノー」

専門家の「ノー」が、あなたが大きな可能性へと進んでいることを実証する場合もある。肝心なのは、あなたがなぜ正しいのか、そして専門家のどこが間違っているのかについてしっかりと理論を持つことである。直感ややる気に頼ってはいけない。そのアイデアが潜在的に優れていることを示す何かをつかむのだ。

■正直な「ノー」

とはいえ、多くの場合、専門家の言うことは正しい。

アイデアをあきらめると決めたら、容赦なく引くこと。その際、あなたにとって命綱になり得るのが、正直な「ノー」だ。つまらないアイデアを何かいいものに変えるか、あるいは、あなたがもっとよいアイデアへと進むためのヒントが詰まっている。

■余計なお節介の「ノー」

単にあなたの気持ちを削《そ》いだり、または、強引に説得しようとしてくる人がいる。心理的な影響を強くもたらす人々には、アイデアのことは伏せておく必要がある。

第2章

最初から拡大を狙わない

スタート地点で何をすべきか

２００９年、ビッグアイデアを思いついた若き起業家、ブライアン・チェスキーは、Ｙコンビネータ（Y Combinator）の共同創業者ポール・グレアムとのミーティングの席に着いていた。

Ｙコンビネータは、シリコンバレーでもひと極名高いスタートアップ・アクセラレーター（短期支援でスタートアップ企業を急速に成長させる組織）である。ブライアンの会社、エアビーアンドビー（Airbnb）が、Ｙコンビネータの提供する短期支援プログラムに加わって、開業したばかりの頃のことだ。

エアビーアンドビーは人々が自分の使わない部屋やソファベッドを、不特定の他人に貸し出すのを組織的にサポートするサービスだが、初期段階で、あまり多くの人に知られていなかった。部屋やカウチを貸し出すホストも、まだほんのひと握り。

しかし、ブライアンには明るい見通しがあり、それをポールに伝えるのが楽しみでならなかった。ところが、ミーティングは、予期せぬ展開となる。

ポール「それで……君のビジネスのポイントは？　どこに勝機があるのかってことだが」
ブライアン（おずおずと）「えーと……これと言ってまだ……」
ポール「使ってる人はいるのか？」
ブライアン「はあ、ニューヨークでは」
ポール「ということは、利用者はニューヨークにいるんだね」
ブライアン「まあ、そうです」
ポール「それなのに、君はまだマウンテンビューにいるわけだ」
ブライアン「……（沈黙）」
ポール「君はここにいて、何をしているんだい？」
ブライアン「どういう意味ですか？」
ポール「利用者のところに行かなきゃだめだろ。知り合いになるんだよ。ひとりずつ」
ブライアン「そんなことしていたら事業拡大できません。顧客が増えてきたら、ひとりひとりに会うなんて無理です」
ポール「だからこそ、今それをやるべきなんだ」

ポールが指摘したポイントは、コアユーザーの気に入るものをつくり出すには、彼らに会いに——彼らの住んでいるところまで行く必要があるということだった。彼らの声に耳を傾け、観察し、そして全力で理解しようと努めなければならない。その絶好の機会がこのときだと言うのである。「今しかない――会社の規模がまだ小さいから、顧客全員に会えて、知り合いになれる、そしてひとりひとりのために役立つことができるんだ」

ポールの見方では、見積書も集計表もマーケティング計画も二次的なもので、まずは、ユーザーのごく小さなコーホート（年齢や性別などの共通の属性をもつ集団）が気に入るものをつくらなければならない。彼らがそれを気に入れば、続く何百万人も気に入るだろう。さらに、人は自分が気に入ったものは誰かに伝えずにはいられなくなるものだ。

この章では、ビジネスの将来を左右するほどに重大な、設立直後の時期――決して戻ることのできない、スケール前の短い期間がどんなもので、何をするべきかについて掘り下げるつもりだ。

顧客から直接受け取るフィードバックに基づいて、製品を定義し、丹精込めて、顧客に愛されるものに仕上げるまで――製品に改良を加える好機が、この時期なのだ。ブライアンを含めて、世界でもっとも成功した創業者たちの何人かは、こうした製品やサービス開発の初期段階を黄金期として振り返る。もちろん、当時はまだそのように思えていなかったろうが。

製品を生み出しているとき、あるいは、企業の基盤を据えているときには、否応なく自分の手を汚すことになる。労力を要する割には大した意味がない仕事をしている気にもなるだろう。プログラミング、設計、顧客サービスの他、ユーザーへのオンボーディング（ソフトウェアやネットサービスで、利用者や加入者が早く使い方に慣れて習慣的に利用できるよう導く業務）も、カスタマーサポートに届く問い合わせへの対応までも。

しかし、これらの仕事は、まさに会社がこの先の何十年かでどこまで行けるかを決定する。ホフマンに言わせれば、「これは起業家にとって、禅問答的な謎かけかもしれない。すなわち、**スケールの第一歩は、スケールを求める己の欲望を断ち切ることである**」。

なぜ100が100万に勝るのか

起業家が事業拡大について考えるとき、マーケティング作戦や口コミなどによる急成長を思い浮かべる。ビッグになるには、まずビッグに考えなきゃだめだ！――これは、ある意味、理にかなっている。だが、この思考では、プロダクトやユーザー体験の微妙な差異を見逃してしまい、とにかく世間の注目を集めてレーダーに引っかかることを重要視することになりかねない。

しかし、「細部を無視しては何事もうまくいかない――長い目で見ればね」と明言するのは、2014年から2019年までYコンビネータの社長を務めたサム・アルトマンだ。ポール・グレアムを師と仰ぐこの起業家兼投資家は、Yコンビネータの核心的な教えに常に忠実だ。

「100万人のユーザーにまぁまぁだと思って使われるよりも、100人のユーザーに熱烈に愛されるほうがいい」という教えである。

Yコンビネータがこれまでに育て上げた企業は50社を超え、その資産価値は1億ドル（約130億円）かそれ以上と見ていい。彼らは、何によって事業拡大して、何によってしないか、かなり優れた判断力を持っているということになる。

「極めて価値の高い組織となった企業をよく見てみれば――」とサムは言う。「ほぼ例外なく、そこには熱狂的な初期ユーザーたちがいるんだよ」

熱狂的なユーザーは、長期にわたってサービスを繰り返し利用する頼りがいのあるファンであり、忠実な支持者だ。その上、ありがたいことに、彼らは友だちに話してもくれる。

対照的に、線香花火的な新企画を数多く打ち上げても、手っ取り早く注目を集めることはできるかもしれないが、長続きすることはほとんどない。確かに、巧妙なグロース・ハッキング の技術（利用者数を急増させて企業の成長につなげる、インターネットで用いられる技術）で多くの人たちに自社製品を試してもらうこともできるだろう。だが、彼らが製品に惚れ込まないかぎり、その巧妙な戦術もやがて功を奏さなくなる。

これは、「事業拡大という名の錯覚」だ。100万人のユーザーが現れ、そしてすぐに消えてしまうのは、サムの言葉を借りれば、単に**「人は心底気に入ったものじゃなければ、他の**

もので代用できると思うからだ」。

フェイスブックが発足したとき、利用者はハーバード大学の学生に限られていた。最初のメンバーが友だちを招待し、その友だちがまた別の友だちを招待し、それが繰り返された末に、ついに学生全員が自分と他のメンバーのステータス・アップデートを見比べるようになった。

その後、フェイスブックはハーバード大学からコロンビア大学、次にスタンフォード大学、さらに全米の大学へと広がり、最終的に世界中にユーザーを持つに至った。初期ユーザーに愛されていなかったら、このSNSがこれほどまでに拡大することはなかっただろう。

サムの記憶では、フェイスブックとツイッターが成功した後、誰もがそっくり真似たSNSをつくりたくなったらしい。起業家たちは口々に「とにかく、別の写真共有アプリを開発するつもりだ」と言っていたそうだ。

Yコンビネータは、そうした起業家ではなく、もっと野心的なビジネスを目指すスタートアップに関心を持っていた。なかでもサムが注目したのは、彼自身がbits-to-atoms companies（ビットからアトムまで扱う会社、コンピュータサイエンスから物理学までの意）と呼ぶスタートアップだ。

エアビーアンドビーも、このようなスタートアップだった。

Yコンビネータのポール・グレアムに熱心に勧められて、ブライアン・チェスキーとそのパートナー、ジョー・ゲビアは、ユーザーに会うためにニューヨークに赴いた。2人には明確な任務があった。あらかじめニューヨーク在住の部屋の貸主《ホスト》に連絡をとり、サイトに掲載する写真を撮影するためにプロカメラマンを派遣すると伝え、それがブライアンとジョーだった。

ブライアンの記憶に、ひと際印象に残った訪問がある。

「あれは冬だった。雪の中、僕らはスノーブーツを履いて、あるホストのアパートメントまで歩いていった。その住まいの写真を撮った後、『じゃあ、この写真をサイトにアップロードしますね。ついでですが、何かフィードバックはありませんか？』と言ってみた」

そのホストは奥の部屋に姿を消し、戻ってくると「バインダーを抱えていて、それには何十ページものメモがはさんであったんだ」。バインダーから溢れんばかりのメモ用紙に書かれていたのは、そのホストがエアビーアンドビーに提案したいと思っていたこと――サイトの具体的な変更案だった。「まるでロードマップを作成してくれたようなものだった」とブライアンは回想する。

起業家のなかには、こういう大量の提案を、サイトを敵視する人間からの批判と解釈する者もいるようだ。しかしブライアンには、これが実に良い兆候だということがわかっていた。このような詳しいフィードバックは、サービスの受け手側に、その内容について真剣に考えてくれる人がいるということ、そして、そのユーザーが商品にもっと深く強く関わりたいと思っていることを示すものだ。

結局、こうした家庭訪問はエアビーアンドビーにとって、何が人々に愛されるかを知るうえで強力な秘密兵器になった。「**10人のユーザーに愛されるようにするだけでも大変なこと。でも、その10人とたっぷり時間を過ごせば、難しいことではない。**僕らはユーザーと会っただけではなく、生活をともにしたのだから」とブライアンは振り返る。「僕はこんなジョークを飛ばしたよ。iPhoneを買ったら、スティーブ・ジョブズが泊まりにきてソファベッドに寝たりはしなかっただろ？　でも僕は、したんだ」

ブライアンは、さらに彼らから貴重なフィードバックを引き出す方法を編み出した。今存在しているプロダクトをどう思うか尋ねるだけではなく、これからつくり出すかもしれないプロダクトについても尋ねるのだ。たとえば、「僕らが何をしたら、びっくりする？」とか「このデザインをどんなふうに変えたら、出会う人みんなに話したくなるかな？」と。

こうして、彼はユーザーとともにエアビーアンドビーの将来像をさらに大きく大胆に膨らませていった。

画期的なブレインストームの秘訣

起業家として成功するのに、特定の学位やまとまった知識は必要ではない。必要なのは、正しいマインドセットだ。テック業界CEOの大多数は経営学やコンピュータ科学の学位を持っている。ところがブライアンが取得していたのは、美術学士号だ――ロードアイランド美術大学の。そしてデザイン思考は、彼の絶大な強みとなった。

ブライアンが考える「デザイン」の定義は、スティーブ・ジョブズの残した名言に基づいている。「多くの人が、デザインはどう見えるかの問題だと勘違いしているが、デザインはどう機能するかの問題である」。別の言い方をすると、「デザインは、その物の本質だ」ということ。

そしてブライアンは、その物の本質とその可能性を探るために、会議室で行われる通常のブレインストームを活性化し、未来図を生み出せるほどの思考鍛錬に変えていった。これはポッドキャスト『マスター・オブ・スケール』の制作チームでも、何百回も使った手法である。

「肝心なのは、自分の会社を大きく成功させるには、人々が気に入って、つい誰かに教えたくなる製品やサービスを提供する必要があるということ。**目指すべきは、人々にとって話題にする価値がある製品やサービスだ。それには、初期から拡大を考えてはいけない**」

まず、あなたの固定観念を捨て去ることから始めよう。

著者のわれわれは自社のプロダクトの一部を取り出してあれこれと推測し合う訓練をした――題して、『5つ星の体験とは?』。つまり、「どういう種類の製品やサービスなら5つ星のレビューが寄せられるか?」ということ。

エアビーアンドビー提供の宿泊先にゲストがチェックインする場面を想定し、ゲストにとってがっかりだった1つ星体験から、トップに位置する5つ星体験、さらには11星レビューを獲得できそうな仮想チェックインまでも描き出していった。

■ 1〜3つ星体験

予約した宿泊先に到着。すると、そこには誰もいない。ドアをノックするが、誰も出てこない。これは1つ星。20分待たされたなら、たぶん3つ星。

いつまで経っても誰も現れず、返金請求をすることになったら1つ星確定。二度とエアビーアンドビーを使わないだろう。

■ 4〜5つ星体験

ドアをノックすると、すぐにドアが開きホストがあなたを招き入れる。素晴らしい。でも考えたら、それは当たり前のこと。わざわざ友だちみんなに話したりはしない。聞かれたとしても「エアビーアンドビーを使ってみた。問題なく泊まれたよ」となるだけ。

そこで僕らは、「6つ星体験はどうだろう?」と考えた。

■ 6つ星体験

ドアをノックするとすぐにホストがドアを開いて、「いらっしゃい、我が家へ」とご挨拶。テーブルには、歓迎のプレゼントが。ワインボトル1本か、キャンディだ。冷蔵庫を開くと、水のボトルが。バスルームには、洗面用具がそろっている。何もかも申し分ない。

「わあ! ホテルよりいいぞ。今度もまた絶対にエアビーアンドビーを使おう」

■ では7つ星体験は?

ドアをノック。ドアを開いて、出迎えたのはリード・ホフマンだ。

「よく来たね。君がサーフィン好きなのは知ってるよ。サーフボードなら、ここにある。君のためにレッスンの予約もしておいたからね。ところで、なんなら私の車を使ってもいいよ。それと、君をびっくりさせたくてね、サンフランシスコ市内でイチオシのレストランにテーブルの予約もしてあるんだ」

「わあ！　想像以上にすごい！」

■ならば、8つ星チェックインは？

飛行機で空港に着陸すると、リムジンが待機、宿泊先まで乗せていってくれる。これには本当にびっくり!!

■さらに、9つ星チェックイン！

空港で到着を祝う記念パレードが催される。待っていたのは1頭のゾウ。インドの伝統的な式典にならって運ばれる。

■10星チェックイン

1964年にビートルズが体験したチェックインだ。飛行機から降りると、5000人の高校生たちが歓声を上げ、名前を連呼してくれる――手に手に「この国にようこそ！」と書かれたプラカードを掲げて。

■さぁて、ついに11星。どんな体験だろう？

空港に現れると、イーロン・マスクが出迎えている。

「君はこれから宇宙に行くんだよ」

明らかに6つ星からは想像上の体験であり、上位に行くにつれて突拍子もないことになっている。

「このプロセスの重要なポイントは、9つ星以上はおそらく実現不可能だが……この奇抜な思考訓練をするうちに、いわゆるスイート・スポットが見つかることだ――『ホストが現れて、ドアを開いた』と『僕は宇宙へ行った』の間のどこかに、必ずスイート・スポットがある。**一度は究極を思い描いて、それから後戻りする。そんなことがデザインには必要なのだ**」

ホフマンの分析

熱烈なフィードバックはスケールの基礎となる

私は過去20年にわたって数々の会社を創設し、また、多くの企業に投資を行ってきた。いずれの企業もスケールに成功し、今では1億人かそれ以上のユーザーを抱えている。

だがここで忘れてならないのは、その1億人のユーザーが初めからいたわけではないということだ。始まりはほんの数人のユーザーだ。そして、顧客ひとりひとりに、文字通り手づくりのサービスをしてきた――彼らの心をつかむために。

これは、少し奇妙なアドバイスに聞こえるかもしれない。おそらく、あなたはこう言いたくなるだろう。グーグル（Google）共同創業者のセルゲイ・ブリンとラリー・ペイジは、手作業によって20億人ものユーザーに検索結果を提供したのではない。彼らは見事なプロダクトをつくり出し、ユーザーが殺到したのだ。そうだろう？

いや、実はそうとも言い切れない。**愛されるプロダクトを生み出し、大きく成功する起業家たちは、ユーザーに対して偏執的とも思えるほどの注意を向ける――とりわけ、初期ユーザーに対して。**

ユーザーたちの行動を観察し、何を言うか耳を傾け、カスタマーサービスへの電話に自ら応答し、ユーザーの手に負えなかった細々とした問題を解決していくのだ。

開業して間もない頃は、日々このように手作業の仕事をしていたという起業家たちに、当時のことを語ってもらうのは大いに意味のあることだった。彼らはそれぞれに感慨深い経験をしている。思い出し笑いをしたり、あれは実に地味な仕事だったと言ったりする者もいれば、ようやくアシスタントを雇い入れた日や、ついに実務作業を自動化できた日を今も祝っていると言う者もいる。

けれども、「あれは時間の無駄だった」と言う起業家はひとりとしていない。むしろ、よく当時を振り返ってはこう言う——生涯でもっとも創造的な時期だった、と。

フィードバックは、できるかぎり早い時期に——まだ製品やサービスの定義を考えているうちに——受け取るのが不可欠である。これは建築家にとっての基礎工事のようなものだからだ。

初心忘るべからず

今や、エアビーアンドビーは株式公開した上場企業だ。しかしブライアンが手作業による仕事を重要視するのは変わっていない。デザインと戦略に必要なインプットは、長年サービスを利用してきたホストやゲストとの直接の交流から得る。そして、大胆な新サービスの方向性を見極めるべきときにはいつも、彼は知らずしらずのうちにたったひとりのユーザーの目を通してイメージを思い描くのだ。

たとえば、エアビーアンドビー・トリップ――エアビーアンドビーの主要ビジネスを拡張し、旅行などのアクティビティをまるごと企画するサービス――を着想したとき、ブライアンはチームのメンバーとともに、文字通りたったひとりの顧客のための休暇旅行を丹念につくり上げることから開始した。

まずウェブ広告を出す。「旅行者求む！　サンフランシスコへの旅の写真を撮らせてくださ い。もし良ければ、撮影スタッフがあなたの行く先々にお供します」

喜んで名乗り出たのは、ロンドン在住のリカルドだった。

リカルドが自分で計画した旅は、夢のようなバケーションではなく、お決まりの「アルカトラズ島にひとりで行き、ヘッドホンでの音声ガイドに従ってシーフードレストランのババ・ガンプ・シュリンプに行く。1泊300ドルの手頃なホテルに滞在。ホテルのバーにひとりで行き、しばらく何人かの男たちの横に座って飲む」というものだった。

後日、改めてエアビーアンドビーはリカルドに連絡して、もう一度来ないかと誘った。「あなたのために、サンフランシスコへの完璧な旅をご用意したいのです」と招待したのだ。

同時に、ブライアンはピクサー所属の絵コンテ画家に協力してもらい、場面ごとの――新たな旅の体験がどう展開するのかを示す――スクリプトを作成した。このときのブライアンの思考プロセスは、何が斬新な旅行を生み出すのか？　旅とは……人とのつながり。さらに、快適領域《コンフォートゾーン》からの脱出だ、というものだ。

「ある都市に初めて行ったとき、あなたに必要なのは歓迎イベント――人々と交流できる場だ。到着後24時間以内が理想。そして2日目か3日目には、あなたは何かにチャレンジするべきだ。コンフォートゾーンから出ない旅は、記憶に残る旅にはならないから」


リカルドがサンフランシスコに再びやってきた。

エアビーアンドビーのチームは、彼のために最高のホスト宅に宿泊予約をしておいた。到着すると、ディナーパーティへ連れ出し、一流レストランも何軒か予約。さらに、彼を自転車に乗せて真夜中のミステリーツアーに繰り出した。

リカルドにこの旅はどう映ったのか。

「僕はこんなに素晴らしい旅行を今まで一度もしたことがなかった」と涙を流したそうだ。

言うまでもなく、このリカルド実験で事業が拡大することはない。エアビーアンドビーが全顧客を対象に特別な旅を企画するのは、無理というもの。それでも、このような実験から得られた教訓が、エアビーアンドビー・トリップの提案する旅のモデルを形成したのは間違いない。ブライアンたちは、サービスのどこにポイントを置くべきか学んだのである。

ブライアンは、何度も顧客の体験を見直し、デザインを改良し続けていこうと心に決めている。その方法は、顧客ひとりを対象に実験を行い、その結果を本格的なプログラムに適用することである。しかし実際には、会社が大きくなるにつれて、このような手の込んだ仕事をするのは難しくなってくるものだ。

実際、ブライアン自身はまだスタートしたばかりの小さな組織を運営する起業家たちに向かって、こう話す。

「僕はあの当時が懐かしくてならない。今や駆動力を持つ会社に成長したことは素晴らしい。でも、**みなさんが達成できる最大の飛躍、最高のイノベーションが起きるのは、会社が小さいとき**なんだ」

「手を動かす」ことの大切さ

起業のきっかけをこんなふうに語り始める創業者がいる。

「僕の生徒たち全員に、『大草原の小さな家』を読んでほしかったんです」

ニューヨークのブロンクス区で小学校教師を務めるチャールズ・ベストには、図書どころか、生徒たちが普段使う学用品をそろえる予算すらなかった。そこで、彼は「毎朝5時頃にステープルズ（コピー機が使える文具店）に通いました……」その日生徒たちに配る数ページ分の

『大草原の小さな家』をコピーするためだ。

教師たちは自腹で学用品——鉛筆、クレヨン、ポスターボードなど——を買ったりコピーしたりすることに慣れていた。彼らは皆、生徒たちにもっと大掛かりな教材や、社会見学のようなプロジェクトも用意してやりたいと考えていた。他の裕福な地区ではごく当たり前のように学校にそろっている教材や用具さえ、ブロンクスでは逆立ちしても手が届かない。

2000年のある朝、いつものようにステープルズでコピーをとっている最中に、ふとチャールズは思いつく。「よし、ひとつウェブサイトをつくろう。僕ら教師たちがクラスの生徒たちに必要な物を投稿すると、ドナーたちがプロジェクトをそれぞれ選んで支援できるっていうのはどうだろう?」

ドナーズチューズ(DonorsChoose)は、こうして生まれた。

これは最初の教育活動支援サイトであり、今でいうクラウドファンディングのはしりである。

仕組みはこうだ。公立学校の教師なら誰でも、寄付を必要とするクラス単位のプロジェクト案を提出することができる。チャールズ率いるチームが、内容を入念にチェックして承認し、サイトに掲載。アクセスしたユーザーは、プロジェクトの内容を確認して寄付する。集まった寄付金は直接教師に送らずに、ドナーズチューズが教材を購入するか、または業者に支払って現品を発送する。

「社会見学のプロジェクトなら、僕らの支払い先は、博物館や美術館です。それと、そこに生徒たちを乗せていくバス会社ですね」

これには相当な労力が必要だ。しかしチャールズは、このやり方が**サイトの誠実さがユーザーに理解され、信用も得やすいと確信していた**。ドナーたちには寄付金全額の使途が報告され、1ドルたりとも使途不明金は出さない。さらにサイトの信頼性を高めるために、チャールズたちは生徒たちが手書きした感謝の手紙を、会計報告書に添えてドナーに送ることにした。

まず、チャールズはドナーを何人か、プロジェクトもいくつか見つけなければならない。公開前にサイトをできるだけ充実させるために、チャールズは自分が勤める学校の教師たちに、それぞれの担当クラスのプロジェクト案を提出するように頼んだ。そしてこのとき、彼は事業拡大を狙わないことにした。

「教職員用のランチルームに母がつくった焼き洋梨のデザートを持ち込み、同僚たちが洋梨に手を伸ばした瞬間『ちょっと待った。1個食べたら、ドナーズチューズのサイトに行って、先生たちがずっと生徒たちとやりたいと思ってたプロジェクトを載っけてほしいんだ』と言ったんです。同僚たちは11個の洋梨をたいらげると、サイトに最初のプロジェクト11件を投稿してくれました」

その後も多くの教師たちからプロジェクト案が寄せられるようになると、今度はドナーが必要になった。すると、チャールズの生徒たちの何人かがグループをつくって、放課後毎日教室に残って、ドナーになってくれそうな人たち2000人に手紙を書いた。

その手紙には、控えめだがきっちりとした要望が書かれていた。「10ドルの寄付をお願いします。そして、クラスのヒーローになってください!」

チャールズと生徒たちは、郵便料金が一番安くなるように手紙の仕分けもして、郵便局まで運んだ——幸運を祈りながら。

努力は報われた。寄付金総額が3万ドル（約400万円）に達すると、ついにドナー側の車輪も勢いよく回り出したのだ。

2003年、小さな記事が『ニューズウィーク』誌に載り、それに目を留めたのが、人気のテレビ・バラエティ番組オプラ・ウィンフリー・ショーのプロデューサーだった。

オプラがドナーズチューズを取り上げたとたん「僕らのサイトはクラッシュしました」とチャールズは回想する。オプラのひと押しのおかげで、一気に事業拡大へと進んだのだ。

ドナーズチューズが成長を続けるにつれて、チャールズは何度も選択を迫られたが、そのたびに彼はユーザーたちとの直接の関わり合いを堅持する方向を選んだ。そして、それがこのサイトの最大の特色となった。人間的な触れ合いを大事にしたのだ。

頭のいい創業者たちは、手間のかかる実務を止めようとしない——組織がどれほど大きくなっても。

味方につけるべきは誰か？

音楽をオンライン配信するスタートアップ、スポティファイ（Spotify）を設立したダニエル・エクが、まさかこんな夜を過ごしたことがあるとは思いもしないだろう。

「僕は会議室の外で寝ていた。重役がひょっこり姿を見せるのを待ちながらね。1泊30ドルのモーテルにも泊まったよ」とダニエルは回想する。「あの頃はけっこうつらかった」

当時、海賊版や違法音楽データがスウェーデンに蔓延《まんえん》しており、国内の音楽産業は全収益の80％を失うという大打撃を受けていた。そこで、ダニエルは大胆な行動に出る。全国のレコード業界トップの重役たちに直接会いに行き、彼らが断るはずのない取引を提案したのだ。

「このビジネスモデルを実現させてくれたら、御社の1年分の収益を保証します」

どのレコード会社も、カザー（Kazaa）、ビットトレント（BitTorrent）、パイレート・ベイ（Pirate Bay）のような音楽データ配信サービスによって散々な目に遭わされていたので、楽曲を無料配信するというスポティファイについても、またひとつ彼らを脅かすものがオンライン上に現れたと考えていた。そこで、ダニエルはレコード会社がリスク回避できる取引を持ちかけたのだった――そのためにスポティファイが、しばらくの間は多額の損失に苦しむことになるのを承知のうえで。

音楽業界を味方につけなければ、自分のビジネスは成功しないとわかっていた。**「すぐに事業拡大しない」というのが、より良い製品やサービスの開発を意味するのはもちろんだが、それは初期の信頼関係とパートナーシップを築くことにもなると理解していた**からだった。

ダニエルの「スウェーデンでの実験」は、音楽業界とスポティファイが共存できることを徐々に証明していく。次第に、他のマーケットのレコード会社からも信頼を獲得し始め、同時に投資家たちの注目も集まりだした。

投資家たちは、違法行為を働く連中とはまったく違うオンライン音楽配信ビジネスの可能性を見て取り、我先にとスポティファイへの資金援助を申し出た。

ところが、ダニエルはまだ苦境から脱してはいなかった。彼が思い描いていたレベルの事業拡大に到達するには、国外の音楽業界とも固い信頼関係を結ぶ必要があった。そこで再び、彼は個人的な接触に打って出る。

主要なレコード会社の意思決定者たちに直接会って、スウェーデンでの実験の結果を見せ、そのうえで彼らの合意を得るのだと心に誓ってダニエルは行くべきところすべてに出向いた――たとえその場所が世界を半周したところにあっても。

音楽産業の上層部と近づきになるために、ひたすら時間をかけた彼の努力は報われた。

「そもそもこの業界は、20年以上の知り合い同士で出来上がっているコミュニティなんだよ」と彼は言う。「だけど徐々に、僕も会話に入れてもらえるようになった。そのときからだね、やっと提携が承諾され始めたのは」

スポティファイは2020年時点で3億4500万人もの登録ユーザーと、25億ドル（約3250億円）を超えるベンチャー基金を持つに至っている。

信頼をより早く得るための3つの方法

起業家は、多くの場合、パートナー、投資家、顧客、同僚たちから早く信頼を得なければならない。だが、「信頼を早く得る」というのは、実は矛盾した言い方である。そもそも信頼は、長い間互いの関係性が続くなかで築かれるものだからだ。私が一番いいと思う、信頼の定義を――ジェフ・ウェイナーの厚意により――ここに紹介しよう。

「**信頼とは、時の試練を経た一貫性のことだ**」

しかし起業家としては、時間的な余裕のなさをカバーするために近道か橋のようなものを見つけたいところだろう。私からお勧めしたい橋は、この3本だ。

■ **人々からすでに信頼されている誰かの支持を取りつけるか**、または、その人に**あなたのバリュープロポジション**（マーケティング用語で、自社だけが提供できる価値のこと）**を明確に発言してもらう**こと。数字によって導き出される信頼である。「なるほど、僕が信用しているこの人が支持するのなら間違いはない。それなら信頼できる」と。

■実質的で費用はかかるが、**相手に誓約したり保証したりする**。これは、ダニエル・エクが音楽業界にスポティファイとの提携を持ちかけたときにとった方法である。誓約することで、自分の覚悟を示すことができる――事業を成功させるために自費をつぎ込み、自分の利益より相手の利益を優先させ、しかも、失敗したときの損失は自分でかぶる覚悟ができていると。

■**徹底的に透明性を高める**こと。社内の規約や行動規範を公開するのも良いかもしれない。または、顧客全員が閲覧も書き込みもできるオンライン掲示板をつくり、「お互いに何でも質問し合う」交流の場を設けようと提案して、実際にどのような質問にも誠実に答える。

信頼の橋を築くのは容易なことではないし、一夜にしてできるものでもない。忘れてならないのは、長く持ちこたえる橋は両サイドから築かれるべきだということだ。

最初から拡大を狙わない

■ **ごく少数の人にフォーカスする**

製品やサービスが100万人にまぁまぁ良いかもと思って使われるより、100人に熱烈に愛されるほうが重要である。

■ **どこまでも高い目標を掲げる**

創設して間もない時期を、とにかく顧客があっと驚くようなアイデアを着想するために使うことをお勧めする。たとえ途方もなく非現実的なアイデアであっても、それがより良いカスタマー体験につながるものだ。

■ **現場に身を置く**

事業拡大以前こそ、顧客と直接やり取りするべきときである。顧客ひとりひとりと良い関係をつくるのに必要なことは何でもしなければならない。

■ **手を動かすことで彼らの心に入り込む**

個々のニーズに合わせてカスタマイズすること、また、作り手の個性をわずかでも反映することにより、あなたは初期のユーザーや顧客との強い絆を結ぶことができる。

■ **昨日の敵を今日の友にする**

特定の業界や分野の第一人者から信用を得るのは時間がかかるものだ。しかし粘り強く取り組めば、やがて彼らとの信頼関係がビジネスにプラスの影響を与えることになるだろう。

■ **基準を定める**

防護策と行動規範の確立は、早ければ早いほどいい。この2つが、あなたの新しい世界を形づくるのだから。

第3章

ビックアイデアを
つかみとる

まずは正しいマインドセットを

「無一文のときが、ビジネスを始める絶好のタイミングだったりもする」

米NBAプロバスケットボールチーム「ダラス・マーベリックス」のオーナーであり、アメリカの人気テレビ番組『シャークタンク』の投資家でもあるマーク・キューバンの言葉だ。

一代で億万長者となり、折に触れて合衆国政府のアドバイザーも務める人物だが、実は、1980年代初めには無一文だった。

大学新卒者の頃のマークは、テキサス州ダラスで5人のルームメイトと暮らしながら、2着で99ドルのスーツに身を包み、自分の進む道を見つけようとしていた。

彼は学習意欲が高く、営業も好き、そして、自分のビジネスアイデアについてあれこれ思い巡らすことが好きだった。勤め始めたコンピュータソフトウェア店には、彼の他にプログラミングを知っている販売員はひとりもいなかった。店で売っているソフトウェアの取扱説明書を実際に読んでいたのも、彼ひとりだった。

ある日、マークは売り上げを伸ばすアイデアをひとつ思いつき、上司も気に入るだろうと進言する。しかし上司はすげなく却下。それでもかまわず実行に移すと、思ったとおりうまくいった。そして彼は解雇された。

マークは自分の会社をスタートする道を探すことにした——今でも、その上司のことを彼は反面教師と呼んでいる。自分がやってはならないことを、しっかりと学ばせてもらったからだ。そして後から考えると、そのタイミングは彼にとって完璧だった。

「**文無しで窮地《きゅうち》に陥って、何とか這い上がる道はないかと手探りしているときっていうのは、失うものは何ひとつない**んだよ」と彼は言う。「失敗したところで、ただ振り出しに戻るだけで、何かを失うわけではない。だったら、やってみるしかないだろ？」

マークは、何かビジネスになりそうなビッグアイデアはないかと探し始める。とはいえ、ダラス・マーベリックス規模のアイデアや、ブロードキャスト・コム規模のアイデアを探していたわけではない。

必死で探したのは、家賃を払うためのアイデアだった。

彼は自問した。「俺は何を知ってる？　誰と知り合いだ？」

マークはひっきりなしに本を読み、以前の取引先と会って話をした。そしてついにビッグアイデアが目の前にはっきりと浮かんできた。

コンピュータ・ネットワーキングだ。

パソコンは、当時やっと会社のデスクに進出し始めたところだった。マークは、経営者たちが今後欲しくなるものが2つあるだろうと考えた。

ひとつは、ファイルやメッセージを共有するために社内の全コンピュータをつなぐもの。もうひとつは、そのネットワークを外の世界とつなぐものだ。これで、さまざまな事柄が――あっという間に片づく。

マイクロソリューションズ（MicroSolutions）は、この2つのアイデアから誕生した。強みは、マークも自覚する彼自身の性格にあった。

「とにかく何でも真っ先にするのが好きなんだよ」と彼は言う。「われわれは最初のLANインテグレータだった。マルチユーザー・ネットワーク向けソフトウェアと、広域ネットワーク向けソフトウェアを最初に開発したのもわれわれだ。ウォルマート（アメリカに本部を置く世界最大のスーパーマーケットチェーン）が初めて使った発注システムは僕がつくったし、ザレス・ジュエラーズ（国際的な宝石店チェーン）が最初に使ったビデオ統合システムもそうだ」

良いアイデアをもって一番乗りするだけでは、もちろん、ビジネス運営はうまくいかない。実際、より険しい登り坂になる場合さえある。未知の事柄があまりにも多いからだ。マークはそうした**未踏の領域に踏み込むには、チームが必要**だということに気づいていた。でなければ、高度な技術を要する彼のアイデアは頓挫していただろう。そのために彼が取り組んだのは、チームのバランスを整えることだった。

「あいつの洞察力が欲しい、こいつの押しの強さが欲しい、あのしたたかさも欲しい。そんなふうに思うよね？　でも自己認識力も大事なんだよ。そして幸運にも、それは僕が早いうちから身につけていたことだった」

マークは共同創業者を選び、その人物をCEOに据える。

「僕はあまり整理整頓が得意ではなくてね」とマークは言う。とかく思いついたら即決して動き出す彼は、「散らかり放題の机」で仕事をするリーダーであった。彼の技術的な能力を補完する人材が必要だった。

「僕は『動いてから考える』タイプだから、パートナーは『考えてから動く』タイプでなければならない。それと、僕の**足りないスキルを補ってくれるパートナーも必要**だね。他人に対しても自分に対しても、残酷なまでに正直じゃないとダメってことだよ」

マークと共同創業者チームは、コンピュータネットワーク事業の先駆者となった。50ドル（約6500円）のスーツを着たセールスマンが会社を首になって始めたビジネスは、わずか7年後には年間売り上げ3000万ドル（約39億円）の大企業へと成長した。

マイクロソリューションズは、1990年代初めにコンピュサーブ（CompuServe）に売却され、マークは30歳にしてすでに現役を引退しても良いほどの巨万の富を得た（事実、一度はビジネス界から手を引いた。が、引退生活は長く続きはしなかった）。

ブロードキャスト・コムを創設し、売却するよりずっと前から、また、ゴールデンタイムのテレビ番組に伝説的な投資家として登場するよりずっと前から、彼には起業家精神に溢れるマインドセット——ビジネスをスタートさせるだけではなく、さらにいくつものビッグアイデアを見つけ、実現する心構え——があった。

素晴らしいアイデアの実現には、昔から言われるような要素はいっさい必要ない。MBAも、資本へのアクセスも、そして電撃的なひらめきさえも不要だ。必要なのは、正しいマインドセットである。

まずは、**好奇心**——常に「これは、うまくいくだろうか？」「ビジネスとして成立するだろうか？」「これが僕の探し求めていたアイデアだろうか？」と問い続けなければならない。

次に、**素早い行動力**——価値を持つアイデアが見つかったら、即座に行動を起こすこと。

さらに、**共同で取り組む**必要もある——他の人の着想と能力を活用して、自分のアイデアを改善し具現化する。

最後に、**不屈の精神力**だ——避けようのない数々の失敗を乗り越え、目標達成まで諦めずに立ち向かっていく姿勢だ。

「誰でも、失敗はするものだ。すべてを抜かりなくやったとしても」とマークは言う。「僕が人々によく話して聞かせるのは、**何度失敗したとしても成功するのは一度だ**ということ。たった一度。それでも『一夜にして成功した』『運がいい』などと言われるんだよ」

この章では、偉大な創業者たちが彼らの偉大なアイデアをどのように発見したかについて、実にさまざまな物語があることをお見せしよう。物語のディテールは異なるが、プロットの要点は共通している。ひらめきの一瞬から物語は始まるが、そこから先は苦労と挫折の連続だ。だが土壇場になって、ついに力を貸してくれる人々が奇跡的に現れる。その出会いから突破口が開かれ、スケールへと突き進むクライマックスを迎えるのだ。

出発点は、ひとつのアイデアである。そして適切な場所に適切なタイミングで居合わせた——適切なマインドセットを持つ——人物によって、そのアイデアは世界に持ち込まれる。

ホフマンの分析

〝電撃的なひらめき〟は神話にすぎない

起業家たちの間には、ビッグアイデアがひらめくとき、雷に打たれたような衝撃的な瞬間、またはアハモーメントを体験するという神話がある。

だが、ほぼ間違いなく、こんなことは起きない。

大きく成功する起業家たちは、ほとんどの場合、すでにどこかに落ちているアイデアのヒントをくまなく探す、いわば狩人である。彼らはビッグアイデアを探し求め、その気配を察知したら追いかける。そのために、もっともインスピレーションが浮かびそうな状況に身を置こうとする。

そして、そうしたアイデアを顕在化させてくれる人々で自分の周囲をかため、あらゆるツテを使って機会と洞察を得ようと努力する。

ビッグアイデアを見つけるには、自ら能動的に探さなければならないのだ。

優れた起業家たちは、こう心得ている。

「見つけたアイデアが、どれもこれもモノになるとはかぎらない」
しかし、仮に最初のアイデアが空高く飛び立たなくても、それが次のビッグアイデアの入り口に立つあなたの目の前に着地することはあるかもしれない。

決め手となるパズルのピースとは？

ケビン・シストロムはインスタグラム（Instagram）の考案者で、同社の共同創業者でCEOだ。彼は写真が好きでフィレンツェに短期留学したときには、はっきりとしたビジョンがあった――情熱のおもむくままに、出会ったものすべてを、買ったばかりの高級カメラで撮影するつもりだった。

この高性能の撮影機材は、完璧を追求するケビンの性格が具象化されたようなもので、最強のガラスでできた理想のレンズが使われていた。

ところが彼を指導する写真学の教授には、これとは違う心づもりがあった。

「教授は、高価なカメラを持っている僕を見て……こう言いました。『君は、完璧な写真を学びにここへ来たんじゃない。それは私が預かっておこう』」

ケビンがしぶしぶ自分の高級カメラを差し出すと、教授は代わりに安価なトイカメラを手渡した。「教授は『今後3カ月間、君は自分のカメラを使ってはならない』って言うんですよ。金を貯めてやっと買ったのに！」

教授の言わんとするところは明確だった。

「不完全を愛するようになりなさい」

トイカメラを手に、ケビンはフィレンツェの芸術とカフェの文化にひたった。そして驚いたことに、間もなくトイカメラのシンプルさを活かすようになる。「撮った写真を持ち帰ると、教授が現像の仕方を教えてくれました。パッと見た感じは、やぼったい写真です。でもよく見ると、ちょっとぼやけていて、なんかアートっぽいんですよ。それから教授は現像液に少しずつ薬液を加えて、モノクロの写真にいろんな色をつけていくやり方を見せてくれました」

制約が持つパワーについて、ケビンは学んでいたのだ。

アート表現の自由が制限されることによって、最高の作品が生まれることがある。ちなみに、これは起業家にとっても有効だ。

スタンフォード大学を卒業して短期間グーグル（Google）で働いた後、ケビンはバーブン（Burbn）というアプリを開設した。シンプルな機能の位置情報アプリだ。

「僕にはゲーム機能を完全につくり上げる技術がなかったんで、単なる位置情報アプリになりました。それを何人かの友だちにあげると、使い始めてくれました」
ケビンは、バーブンを中心とする会社をつくるために投資を募り始めた。オファーは1件だけあったが、それには絶対条件がついていた。
「資金は出してもいい。だが、それは君が共同創業者を見つけてきたらってことにしよう」
ケビンは抵抗した。「でも、こう言われたんです。『いいや、**共同創業者がいたほうがうまくいくというのは実証済み**なんだ。以前、私が投資した会社がそうだった』って」

これは確かなアドバイスだ——ホフマンも「多くの場合、1人の創業者より2人の共同創業者のほうがいい」と言っている。

間もなく、ケビンは共同創業者としてもっともふさわしい人物を見つけた。旧友のマイク・クリーガーである。その後、マイクはケビンのプロダクト開発に技術面で重要な役割を果たしていく。2人は協力してアプリに新機能を加えた。しかし、ビジネスはいっこうに軌道に乗らない。「友だちはみんな気に入ってくれたんですが、他人にはあまり受けなくて」とケビンは回想する。

バーブンには、人気の機能が3つあった。

ひとつは、位置情報に基づくチェックイン機能だ。これによって、ユーザーは店舗などの特定の場所に自分が到着したことを知らせることができる。2つ目は、他のユーザーとの連絡機能。これによって、ユーザー同士で特定の場所への訪問を調整することができる。そして3つ目が、ユーザーがどこかにチェックインしたときに撮った写真を投稿できる機能だった。

ケビンとマイクはどうにかして状況を打開しようと必死に考え、最終的にアプリの簡素化が必要だという結論に達する。

「マイクと僕は、互いに『重点を絞ろう』と言って、バーブンの魅力ベスト3を書き出してみたのです」。ここからひとつだけを選び、それを最高に良いものにしようと決めたのだ。2人は写真共有機能を選んだ。

「このときにインスタグラムへの方向転換ができたんです」とケビンは回想する。

「写真」に焦点を定めたケビンは、その機能を独特なものにすることに全神経を集中させた。新アプリの開設まであと数日となった頃、彼は極めて鋭い意見を耳にする。それは妻からのものだった。

ケビンの妻のニコールは、写真共有アプリのアイデアが形になっていくのをそばで見守っていたが、率直な意見を夫にぶつけた。

「このアプリ、わたしはたぶん使わないと思う」

「どうして?」

「だって、わたしの写真、パッとしないし」

「それなりに良い写真じゃないか」とケビン。

すかさずニコールは「あなたの友だちのグレッグのと比べたら見劣りするでしょ」と反論した。これに対して、ケビンは「ああ、そりゃ、あいつは全部フィルター加工するからだよ」と応じた。

すると妻が僕をじっと見て、こう言うんですよ。

「だったら、アプリにその機能を入れてよ」


ケビンは2つの重要な教訓を得た。**正直なパートナーや配偶者は、最高のフィードバック発信源であること。そして、小さなひとつの意見であってもプロダクトを特徴づける結果になり得る**ことだ。

フィルター加工は、インスタグラムのもっとも際立った要素——このアプリの目玉となった。この機能によって、ユーザーは写真に「ぼかし」や淡い色づけやライトリーク（画像に光が漏れるような加工を施す映像技術）を加え、平凡な写真さえも温かみのあるノスタルジックな雰囲気に仕上げることができる。


2010年10月、アップストアにインスタグラムが登場すると、圧倒的な支持を受け12月には100万人のユーザーを獲得した。

ビッグアイデアは、多くの場合、過去の経験が発端となって生まれる。

ケビン曰く「過去のどの部分が、パズルを完成する決め手のピースになるかは、そのときが来るまでわからない。僕の場合は、学生時代の経験によって、自分が本当につくりたいプロダクトにたどり着けたんだと思う」

「ダメなところはどこか？」と問いかける

ホフマンの分析

近年、ビジネス界にもっとも悪影響を及ぼす根強い神話があるとすれば、そのひとつは「孤高の天才」という神話だろう。たったひとりの発明者、創業者、開発者にすべての功績があると見なす物語だ——ひとりの天才がアイデアを思いつく。他のすべての人たちは、そのアイデアを実行する。またその天才が別のアイデアを思いつくまで。

しかしこれは虚構の物語である。良いアイデアを素晴らしいプロダクトや企業に育てるには、そのアイデアについて多くの賢い人々と話し合う必要がある。**画期的なアイデアは個人ではなく、人とのつながりによって生まれる**からだ。

人々のネットワークは価値があるのに、十分に活用されていない。適切にアプローチすれば、個人的なネットワークと組織的なネットワークの両方から、洞察に満ちたフィードバックを素早く得ることができるはずだ。

起業家の卵が犯す間違いのひとつは、長く自身のアイデアに固執することだろう。ひとり閉ざされた部屋でアイデアが浮かんでくるのを待つよりも、自分のネットワークから確かな意見を与えてくれそうな人を数名選び、その人たちと会話するほうがいいということは私自身も学んできた。自分のアイデアに磨きをかけるには、これしかないとさえ思っている。

だが、ポジティブな励ましを求めてアプローチするのは意味がない。まっとうな批判を積極的に聞き入れてこそ意味があるのだ。どのような批判も歓迎するという態度を示さなければ、人々はあなたの感情を傷つけまいと表面的な賛辞を送ってくるだろう。もちろん褒められて喜ばない者はないが、称賛は成功を保証しない。むしろ成功を阻むことすらある。

私が思考を巡らすときも、**できるだけ忌憚《きたん》のない意見交換ができる環境に身を置く**ように心がけている。私に異議を唱え、アイデアの粗を探し、また、どこに地雷があるかを教えてくれる人々に囲まれていると、ほぼ間違いなく最高の考えに到達できるからだ。ちなみに、これは投資家を募る利点のひとつでもある。

というわけで、いつも私は創業者にこうアドバイスすることにしている。

「僕のアイデアをどう思う?」と尋ねてはならない。

「どこが僕のアイデアのダメなところ?」と尋ねよう、と。

煩わしさから生まれたアイデア

「僕はとにかくサムドライブ(USBフラッシュメモリ)を持ち歩くのをやめたかった」

これは、ドリュー・ヒューストンが今や成長著しいオンラインデータ共有サービス会社、ドロップボックス(Dropbox)を創設したときの動機である。これは、日々の煩わしさの典型だ。

ドリューはデータ共有サービス事業の大立者になる夢を抱いて起業したわけではない。当時、彼はアコレイドというオンラインSAT（大学進学適性テスト）準備コースの開発に取り組んでいた。しかし、データファイルを複数のコンピュータに何度も移動する必要があったため、ファイル管理は慎重を要する仕事であると知りつつ、比較的信頼性の低いUSBドライブを使わざるを得なかった。一歩間違えれば大惨事が起きるかもしれない状態が日常化していたということだ。

「サムドライブのコネクタを何度折り曲げてしまったか」と彼は言う。心配なのは、ドライブに保存したファイルが警告なしに壊れること、そしてドライブ本体をうっかり紛失してしまうことだった。ズボンのポケットに入れたまま、洗濯機に放り込んでしまうこともあった。

厳密には、2006年にはすでにオンラインストレージは存在していた。しかし、サービスの会員フォーラムには不満の声が殺到していたという。「ああいう会員フォーラムに行くのは、まるで野戦病院に足を踏み入れるようなものでしたよ」とドリューは回想する。「ユーザーたちは『僕のエクセルシートは全滅だ』とか『所得税申告書が消えてしまった』とか『あの結婚式写真は残しておきたかったのに』などとクレームを寄せていました」

そして彼は、利用者がデータやファイルを安心して保存できる、もっと良いクラウドストレージ・システムを構築しようと決心する。

そもそも、彼と共同創業者のアラシュ・フェルドーシに、失うものはなかった。4人の男たちとアパートメントをシェアして暮らす24歳の若者にとっては。

ドリューはシステムを構築し、会社を発足し、その会社を大きく成長させ、オンラインストレージ分野を征服した。そして、いつも頭から離れなかった、サムドライブを洗濯機に入れてしまう不安からついに解放されたのである。

ホフマンの分析

パターンを見抜き、ビジネスをつくり上げる

今あなたがアイデアを見つけようとしているなら、優れた起業家たちがそれぞれ独自のアイデアをどのように探したかを見てみるのもいいだろう。シリコンバレーでは、われわれ起業家の多くが技術者としての考え方を持っているため、何かにつけてパターンを見つけようとする。

たとえば、他の会社が成功するパターン、新しいテクノロジーが市場を開拓するパターン、そして異分野の世界にわれわれを導く可能性がある広範な文化の形成パターンだ。

また、**一部の起業家たちは身の周りの技術革新や科学の発達を観察することによって最初のアイデアを見つけることもある。**彼らは「これは、どんなビジネスを切り拓くだろう？」とよく自問するという。たとえば、

「携帯電話の時代がやってきたぞ。どんなビジネスチャンスが生まれるだろう？」

「クラウドストレージの登場だ。どんなビジネスが可能になったんだ？」

「ＡＩの到来だ。存続できそうなビジネスは何だ？」

長期に及ぶトレンドに注目し、それがもたらす未来を想像する起業家たちもいる。

メラニー・パーキンスは、使いやすいデザインツールがあれば誰でも劣等感なくデザインを楽しめるようになる世界を思い描き、その未来像をオーストラリアに拠点を置く会社「キャンバ（Canva）」――現在の企業価値は60億ドル――として実現させた。

エヴ・ウィリアムズは雑誌『ワイアード』を読み、ある記事に注目した。そこにはテクノロジーがいずれ地球上のあらゆる頭脳を結合させるというアイデアが書かれていた。そして彼は、そのたったひとつの未来予想図を現在の文化形成の一端を担う3社――ブロガー（Blogger）、ツイッター（Twitter）、ミディアム（Medium）に変えた。

もっと抽象的なパターンやトレンドに注目してアイデアを見つけ、その実現のためにビジネスを始める起業家もいる。つまり、「このビジネスモデルを構成する要素をいくつか入れ替えれば、まるで違うビジネスモデルが出来上がる。需要はまだはっきり見えていないが、とにかくやってみる価値はありそうだ」というような考え方だ。

リンクトイン（LinkedIn）もそのひとつであり、同じくエアビーアンドビー（Airbnb）もこの発想から生まれている。あくまでも漠然としたものではあったが、エアビーアンドビーに対する何らかの需要は目に見えていた。旅好きの若者はたくさんいたし、なかには格安の旅を望む者、必要とあらば喜んで誰かのカウチに寝泊まりする旅行者もいたわけである。「カウチサーフィン」という非営利プロジェクトもあった。また、当時からすでに「共同で消費活動をする」という傾向が強まりつつあり、そうしたなかで、ジップカー（ZipCar）に代表されるカーシェアリング企業も先陣を切って誕生していた。

こうした社会現象のパターンを見抜いて解釈し、それをビジネスチャンスに変えることこそ、起業家の起業家たる所以である。ただし、あなたがどれほど早く自ら見つけたパターンを解釈して、ビジネスアイデアに変えることができても、すでに他の誰かが同じことをしているかもしれない。あなたと競争相手のどちらが勝つかは、いかに素早く確固とした行動に出るかにかかっている。

苦境から生まれたアイデア

カテリーナ・フェイクとスチュワート・バターフィールドは、少なからず不安に感じていた。2人が開発した画期的なオンラインRPG『ゲーム・ネバーエンディング』が、期待したほどの伸びを見せないからだ。ほんのわずか忠実なファンがいるにはいる、がそこで伸びは止まってしまい、2人は投資を得られなくなっていた。

「ドットコム・バブル崩壊の直後で、金融市場の見通しが全体的に暗い時期だった」とスチュワートは言う。「ゲームみたいなくだらないものには誰も出資しようとしなかったんだ。僕はやれるだけのことはやった。貯金は全部注ぎ込んだし、友だちや家族にも泣きついた。エンジェル投資家の融資もごく少額だけど受けることができた。でも、それもこれもすべて底をつきかけていたんだ。僕らは一か八かのアイデアを求めていた」

この苦しい時期に、スチュワートとカテリーナは会議に出席するためにニューヨークへ向かった。事態がさらに悪くなったのは、まさにそのときである。「飛行機のなかで僕は食中毒を起こしてしまったんだ」とスチュワートは言う。「到着した後、高速道路でニューヨークに向かったんだけど、その途中で僕は何度も嘔吐した。ホテルでは一晩中吐き気があった」。そしてこの絶不調のさなか、スチュワートの記憶では朝方の3時か4時頃に、「熱にうなされて夢でも見たかのように」フリッカー（Flickr）のアイデアが浮かんだという。

それはゲームの機能から発展したアイデアだった。

「僕らのゲームには、プレイヤーが選んで使えるアイテムをまとめた在庫一覧表みたいなものがあったんだ」とスチュワートは言う。「僕らはそれを、写真でいっぱいの宝箱のようにつくっていた。たとえば、写真をドラッグしてグループ討論に持ってきたり、他の人の画面に載せたり、写真にリアルタイムでコメントをつけたり」

フリッカーは、先駆的な写真共有コミュニティとして、フェイスブックやインスタグラムやツイッターで現在盛んに行われている「タグ付け」「画像共有」「フォロー」「情報拡散」など、多くのユーザー機能の基盤をつくり上げた。ソーシャルメディアの創生期にあって、このコミュニティサイトの果たした役割は大きく、いわば、イノベーションの試験台のようなものだった。

このサイトによって、オンライン上の社会的交流の枠組みは大きく変わった。

だが、もとをたどれば、あまり人気のないゲームのなかに埋もれた機能のひとつだった。カテリーナとスチュワートがフリッカーで成功した要因は、あるアイデアからさらに新しいアイデアを発掘した彼らの能力と、その絶妙なタイミングにあると言えるだろう。そして、他にも彼らをフリッカーへと勢いよく前進させたものがあった。捨て身の覚悟である。

「壮大な構想をもってフリッカーをつくったわけじゃないんだ。いろんなことは全部あとからついてきたことであって、最初はここまで考えていなかった。ただ、こう思っていただけだ。『これで倒産しないですむかな？』」


このような「アイデアの起源についての物語」は他の多くの企業にもあり、本書でもいくつか紹介している。ビッグアイデアは苦境から生まれることもあるし、苦難のなかに埋もれている場合が多い。**苦しい体験を通してしか、必要な解決策は見えてこない**のである。


危機に直面することにより焦点は絞られ、決意は強固になるものだ。

危機によって、「ビッグアイデアを思いついたら良いのに」という考えから「必ずビッグアイデアを見つけてやる。絶対に！」という思いに変わる。こうした危機感があるからこそ、ついにアイデアが見つかったときに、一か八かのようなロングパスを一瞬もためらわずに投げることができる。

自分の足を使って、着実に、そして執拗に追い求めることだ。

追求すべきバッドアイデア

トリスタン・ウォーカーについて、1章を読んだ読者は、すでにご存じだろう。多くの投資家から凄まじい「ノー」攻撃を浴びた末に、会社の資金調達と創業と、やがて売却までやってのけた。また、その前に彼がしたことも知っているだろう。フォースクエア(Foursquare)という当時発足したばかりのスタートアップの事業開発に加わり、その結果、このプラットフォームは急成長し、ゼロだった利用業者数は100万を超えるまでになった。

人は「グッドアイデア」を追求しがちである——大いに納得がいき、その良さが誰の目にも明白なアイデアを。しかし、**良さが明白であることに大きな価値はない**。そういうものは、ゆっくりと時間をかけて実現していくか、または、すでに実現しているアイデアであることが多い。そして現段階でまだ実現されていないなら、その正当な理由があるに違いない。

ところが、いわゆるバッドアイデアは？　実は、ここに黄金が眠っている。「エアビーアンドビー？　どこの誰が、赤の他人を家に泊めたりするんだ？」「ウーバー？　いったい誰が、得体のしれないやつの車をタクシー代わりに使ったりする？」

トリスタンが思いついた1枚刃の髭剃りのアイデアは？　世間一般の「剃刀の刃は多けれ

ば多いほうがいい」という常識からかけ離れすぎていた。だが、トリスタンは決断を下し、ベンも同意した――これこそ追求すべき「バッドアイデア」である、と。

現在も、トリスタンの会社は『ウォーカー』ブランドの新製品を開発し続けているが、トリスタンは相変わらず、判断を「バッドアイデア」テストに委ねるという。**「最悪のアイデアなら『やってみる価値はある』」**と

ホフマンの分析

アイデアのほうが自分を見つけてくれる場所へ

起業家として生きていこうと決めた人は、毎日、新しいアイデアと出会う時間と空間を意識的につくり出さなければならない。これはつまり、**アイデアが湧いてくる可能性のある状況に、自分自身を置く必要がある**ということだ。

私はポッドキャスト『マスター・オブ・スケール』に迎えたすべてのキャストに、彼

らが思索のために行くお気に入りの場所を尋ねた。その結果、わかったのは「完璧なものはない」ということである。

スパンクス（Spanx）の創業者、サラ・ブレイクリーは、一番いい考えが浮かぶのは車のなかだという。彼女はスパンクス本社のかなり近くに住んでいるため、朝1時間早く起きて、アトランタ界隈をあてもなくドライブしてから出社するのだそうだ。そうすると、いろいろな考えが自然に湧いてくるという。ちなみに、「スパンクス」という名前を思いついたのも車のなかだったとのこと。

ネットフリックス（Netflix）の創業者兼CEO、リード・ヘイスティングスは、カリフォルニア州サンタクルーズの自宅のリビングルームでもっとも実りある思索ができるという。

エアビーアンドビー（Airbnb）のブライアン・チェスキーにとっては、ウォルト・ディズニー・ファミリー博物館が最高の思索の場所だ。

ビル・ゲイツは愛車でドライブする。

ジンガ（Zynga）の創業者、マーク・ピンカスはサーフボードに乗る。

クラスパス（ClassPass）の創業者、パヤル・カダキアはダンススタジオに繰り出す。

フリッカー（Flickr）の共同創業者でインターネット業界のパイオニアでもあるカテリーナ・フェイクは、よく夜中に起きて午前2時から5時までの時間帯に考えごとをするという。彼女の場合は、「どこで」ではなく「いつ」考えるのが一番いいかということになる。

私自身が一番いい考えを思いつくのは、私の意見に異議を唱える人たちや、私のアイデアの粗捜しをしてくれる人たちに囲まれているときだ。

大切なのは、あなたがもし内向的な発明家だとしても、自分が持っているネットワークを忘れないことだ。**アイデアに対して異論をはさんでくる人たち、創造力のある人たち、懐疑的な人たち、他にも多くの起業家たちと十分に話をするなかで、思考のペースは加速され、短期間に次のビッグアイデアにたどり着けるようになる**だろう。

ホフマンの理論

「ビッグアイデア」をつかみとるために

■バッドアイデアを追いかけよう

皆が口をそろえて「それはグッドアイデアだ」と言っている場合、他の多くの人々がすでにそれを目指して取り組んでいる可能性がある。だから、一見くだらないようでいて実は素晴らしいアイデアを探すほうがいい——潜在価値が見えにくいか、または、理解しにくいアイデアを。

■あなたじゃなかったら、誰がする？

あなたの歴史とパッションを一度じっくり見つめてみるといい。自分にしか実現できない、運命のアイデアが真っ直ぐに見つめ返してくるかもしれない。

■ピカッと光るサインに注目しよう

自分に「これは存在すべきだ」と信じられるものがあり、他の多くの人も「本当にそうだ」とうなずく様子が目に浮かぶなら、それは追求する価値のあるアイデアかもしれない。

■新しい車輪を発明する必要はない

ビッグアイデアを探すとき、過小評価してならないのは「ひとひねり」の効果だ。ちょっとした工夫が、絶大なインパクトを与えることもある。

■一か八かに賭ける

危機を無駄にしてはならない。切羽詰まったときには、焦点は絞られ、決意は強固になり……そして必殺アイデアが生まれることもある。緊急時だからこそそのアイデアが生まれ、スピーディに行動することができる。

第4章

企業文化を構築する

創業者によくある間違い

画期的なＤＶＤ宅配サービスで、レンタルビデオチェーン店のブロックバスターを倒産に追い込んで、それをストリーミング型ネット動画配信サービスおよび制作スタジオへと変貌させたネットフリックス（Netflix）のＣＥＯ、リード・ヘイスティングスは、もとはプログラマーだった。

彼は同僚2人とともにデバッグツール（プログラムの欠陥を発見・修正するのに役立つソフトウェア）を開発してピューリファイ（Purify）と名づけ、このツールは、多くのプログラマーたちの間で人気を博した。

あれこれ問題が起き出したのは、このときだ。

ふと気づくと、急増するスタッフを指揮・管理する任務に加え、新会社の買収も監督すべき立場になっていた。買収が決まれば、さらに多くの従業員を迎えることになる。この時期、リードの会社——当時の社名は、ピュア・ソフトウェア（Pure Software）——は急ピッチで買収を行い、1年半の間に3社も獲得していた。目まぐるしい速さで動いていたので、彼はいくつもの新チームをひとつの企業文化にまとめることまで思い及ばなかった。

「僕は一晩中プログラミングをしていた。昼間も何とかCEOらしく振る舞いながらね。だから、シャワーだってたまにさっと浴びるだけだった」とリードは回想する。「あの頃はとにかく、自分ひとりで何もかも……営業の電話も、出張も、プログラミングも、面接もこなそうと考えていた。それがうまくいく方法だろうと思っていたんだ」

そうはならなかった。

これは創業者によくある間違いであり、会社の成長に伴って社内の問題はだんだん増えることになるのだ。彼は社員の力量を活用するのではなく、それに対処しようとした。また、社員の問題解決能力を信用せず、自ら問題解決に当たった。

「重大なミスが起きたとき、たとえば、営業活動で失敗したりソフトウェアの欠陥が見つかったりしたとき、僕らは必ず、二度と同じミスを犯さないためにどうすべきかという観点で問題に対処しようとしていた」とリードは回想する。

この「イージー対策」を社内のあらゆる業務に徹底しようとした結果、リードは企業文化の質を下げてしまった。「会社の知的レベルが落ちたんだよ」と彼は言う。

「でもって市場が変化した。そりゃ当たり前なんだが。ちょうど、シープラスプラス（C＋＋）からジャバ（Java）に変わった時期で、どんな変化だってあり得たわけだよ。だけど変化が起きたとき、僕らは対応できなかったんだ」

知らずしらずのうちに、スタッフは手順どおりにすれば良いという環境、つまり、それぞれが自分の頭で考える必要のない文化をリードはつくり出していたのだ。結局、リードはピュア社の文化をつくり直すことはできずに終わった。なにしろ、**企業文化をあとから立て直すのは容易なことではない。本来は組織の形成期に固定されるものだからだ。**

しかし、ピュア社を売却した後、彼は次の事業では違うやり方をしようと心に決めていた。

この章では、文化という不思議な世界を見ていこう。

「文化」という言葉を組織に当てはめると、その意味するところは途方もなくあいまいである。そもそも、どういう意味で使う言葉なのか？　本当に重要なものなのか？　実際に会社の経営陣がつくったり導いたりできるものなのか、それとも、独自に発達していくものなのだろうか？

「イージーな対策」が「イージーな文化」につながる

1997年、リードはピュア・ソフトウェアの売却で得た7億5000万ドル（約975億円）の一部を開設資金に当て、ネットフリックスを共同創業した。事業内容はいたってシンプルな郵便によるＤＶＤ配送。延滞料金なし、返却料不要、レンタルビデオ店まで車を運転する必要なし。ＤＶＤを紛失したら？——新品を郵送すれば問題なし。

ブロックバスターもまるっきり同じサービスに切り替えようとしたが、動きにスピードがなかったため２０１０年に破産申請をした。

リードの興した斬新なスタートアップは過去に映画レンタル業を成立させたシステムを打ち崩しながら、常に未来を見据えていた。そして彼の目に見えていたのは、絶滅恐竜ブロックバスターではなく、発足間もない自社にとって巨大な脅威になるであろうオンライン・ストリーミングの兆しだった。

ブロードバンドインターネット接続が全米の各家庭に徐々に広がるなか、いずれ映画や音楽のストリーミング配信がＤＶＤを凌駕する時代が来るのは、リードの目に明らかだった。思い出してほしい。これは１９９０年代後期のことである。当時、ブロードバンドインターネット接続サービスは、10世帯につき1世帯にしか到達していなかった。その頃、すでに彼は予感していたのである。

リードには特殊なチームが必要だった。まず、第一級のＤＶＤ配送システムを開発し、その後は完全にシフトチェンジして、ストリーミング配信サービスの構築に集中的に取り組むチームである。

技術者を見つけるのは、リードにとって困難な課題だったに違いない。

彼は「第一原理的な思考をする人々」を探すことにした。第一原理、つまり物事の根本を踏まえた思考形態である。盲目的に指示に従うのではなく、従来のやり方に固執するのでもなく、ひとつの問題を徹底的に根本原理まで分解し、その原理の正当性をテストした末に、新しい原理をつくり上げることができる人々だ。

このような思考ができる人は習慣的な手順にこだわらず、たとえば「僕たちなら、これを別の方法でやれるんじゃないか？」と頭を巡らす。こうした探究心こそが、リード・ヘイスティングスが開発チームに求めたマインドだった。そのために彼が考案したのが、あの予想外の効果を発揮した「カルチャーデック」である。

ネットフリックスのカルチャーデックは、約100枚のスライドによって明示された、今や伝説的なカルチャーガイドであり、そこにはネットフリックスが求める人材、社内で期待される職務態度などの独自の企業文化が網羅されている。

リード自身も認めるように、これは「あまり格好良くないし、洗練されたデザインでもない。マーケティング向けに公開するような文書とは似ても似つかない」ものであった。実際、これは社内ドキュメントとして始まったが、間もなくネットフリックスは、このスライドを「スライドシェア」に投稿する。唯一の目的は、就職希望者を募ることだったが、この一連のスライドはネット上で次々に回覧されることとなり、閲覧回数は瞬く間に1000万回を突破した。

現在も、創業者たちの多くはネットフリックスの企業文化を理解し、おそらく模倣するためにカルチャーデックを参照している。重要なのは、**カルチャーデックが第一原理的な考え方をする人たちを引き寄せる、磁石の役割を果たすようになった**ことだ。自由と責任がバランスよく約束された、ネットフリックスの企業文化のなかで仕事をしたいと思う人々が集結するようになったのである。

カルチャーデックを見てわかるのは、たとえば、ネットフリックスには長期休暇についての社内規定がまったくないことだ。「僕らは『休暇は好きなだけ取れ』って言ってるんだ」とリードは説明する。「平日についても、勤務時間を9時から5時というふうには規定していない。それぞれが適切だと見なす時間が勤務時間なんだよ」

さらに、カルチャーデックは会社の透明性と誠実性を強調している。たとえば、ネットフリックスの従業員は上司に対して頻繁にこう質問するように奨励されている。

「もし私が会社を辞めると言ったら、どれくらい熱心に私を引き留めますか？」

リードに言わせると、これは「キーパーテスト」なのだそうだ。従業員が常にどういう立ち位置にいるかを自覚できるように意図されたものだという。

リードは、**会社が従業員を家族と呼ぶのはごまかしに過ぎない**とも考えている。ネットフリックスの従業員たちは、たとえて言うならスポーツチームであり、「最終的に重要なのはパフォーマンスであって、無条件の愛がある家族とは異質な集団なんだよ」と説明する。

「インターネットテレビの分野で、僕らはチームとして世界を変えようとしているわけだから、すべてのレベルで抜群のパフォーマンスが求められるんだ。それと、もうひとつ大事にしているのは、どんなときにも正直なフィードバックを互いに与え合うこと。それぞれが学び、最高の成果を出すためにね」

家族ではなくスポーツチームとして会社を捉えるとは、なんと洞察に富む考え方だろう。現在、ネットフリックスには第一原理的な思考をする人々が集まっており、彼らのマインドセットは会社全体に浸透し、娯楽コンテンツから出張費用まであらゆる方針決定に影響を与えている。

「決定すべき問題すべてについて、僕たちは皆に何が会社にとって一番良いのか考えてくれと頼んでいる」とリードは言う。「それ以外のガイドラインは何ひとつないんだ」

もちろん、そうした主体性を誰もが備えているわけではなく、なかにはあれこれと指示を受けながら働きたい人もいるだろう。

「そういう人たちは、ネットフリックスには向かないな」と彼は言いきる。

柔軟性と適応性を兼ね備えた、第一原理的な思考をする人々の文化を構築することによって、ネットフリックスは、実に目覚ましい進化を遂げることができた。この会社は、数百万枚のＤＶＤ宅配から、オリジナル動画コンテンツの制作、映画祭でのスカウト、世界中で視聴可能なエンターテインメント作品選集の監修に至るまでビジネスを拡大した。これは驚異的な変革である。

リードは、ネットフリックスがくぐり抜けてきた変革の過程を振り返るにつけ、改めて感じるという。ピュア社にあったのは物事を処理するための文化だったが、ネットフリックスにはスケールを可能にする文化がある、と。

「僕たちは従業員に、それぞれが自社の文化を改善するにはどうすればいいかを考えるよう絶えず奨励している――**文化をどうやって守るかではなく、皆で付加価値をつけようとしているんだ**」とリードは言う。

「カルチャーデックは、黄金に輝く記念碑ではない。絶え間なく進化する、命あるドキュメントだ」

ホフマンの分析

文化とは常に構築中のものである

企業文化を誤解している創業者は実に多い。そして私が繰り返し目にしてきた大きな間違いが2つある。

ひとつは多くの創業者がもっともよく犯す間違いであるが、それは彼らが企業文化を無視するか、または、それについて考え始めるのが遅いことである。このような創業者は、自分にとってもっとも重要なのはプロダクトや収益の問題を解決することだと考えている。文化は捉えどころのない二次的なものであり、おそらく自然発生的に生まれてくるのだろうとさえ思っているのだろう。

しかし**文化は、企業が成し遂げようとするものすべての根底をなすものなので、チームが小さくて文化にまだ可塑性がある時期に、意識的に考え始めることが重要**である。企業文化は急速に固定化し、ときには目に見えないうちに、人から人へ広がっていくからだ。企業理念や日々の業務や儀式について経営陣が発信する際は、最初期に採用したメンバーに正しく理解されなければ、その後もずっと正しい理解は得られないということに留意し、細心の注意を払って行わなければならない。

あなたが壊れた文化を根づかせたなら、それを修復する手立ては見つからないだろう。仮に見つかったとしても、市場の現実と競合他社が修復まで待ってくれるとはかぎらない。さらに文化の壊れ具合によっては、新しい文化の樹立がほぼ不可能になる場合もある。

もしA級の企業文化を手に入れたいなら、それを最初につくり上げて、守り抜くほかないのである。

このことは、2つ目の問題、文化に対する一般的な思い違いにもつながる。

企業文化は、布告によって定められるのではなく、不動のものでもない。人類に関するすべての事柄と同様、文化は常に進化する。つまり、**チームを構成する個人によって形成され続けるため、企業が成長するにつれて文化も必然的に変化していく**ということだ。だが経営者が意図して、制度として樹立した強固な基礎は、ずっと保持することもできる。

だからといって、文化が樹立されるときに間違いや誤解がないとはかぎらない。実際、文化の成長や進化には、それが確立される途中に起きた過誤を認め、正すことも含まれる場合がある。修正によって、メンバーやメンバー同士の関係がさらに強化される可能性もある。

私自身も以前は、企業文化について思い違いをしていた。どこかで急旋回することができると思っていたのだ。

「しかし文化が急激に方向を変えることはなく、会社の草創期だろうと、ビジネスの転換期だろうと、企業文化は徐々に進化していくものと認識すべきだ」

文化は会社の全員によって所有され、つくられ、改良されるものだということだ。要するに、文化は終わりのない共同プロジェクトなのである。

文化は、人材の確保、戦略の策定と実行、顧客との信頼関係づくりなど、会社のあらゆる業務の根底をなす。起業家が直面する試練なら後から解決できるものもあるが、今すぐ着手すべきは文化の構築である。

オフィス空間をデザインする

企業の歴史にはいくつかの際立った瞬間があるものだ。会社の節目を表す出来事もあるだろうが、ときには、何か重大なことを学び取った一瞬が歴史にくっきりと刻まれることもある。そうした一瞬をインスタグラム（Instagram）のケビン・シストロムが体験したのは、アル・ゴア元副大統領が彼らのオフィスを訪問した日だった。

「社会に対して大きな影響力を持つ人が僕たちのオフィスを訪ねてきたのは、あれが初めてでした」とケビンは言う。「そして僕は彼をとても尊敬しています」

インスタグラムがフェイスブックに買収されて間もない頃で、ちょうど本社の移転をすませたところだった。

「当時、まだオフィスのなかを僕たちらしくカスタマイズしていなくて、なんとなく共同作業スペースのような感じでした。彼は見回して『ほう、ここがインスタグラムなんだね？』と言い、僕は『はい、ここがインスタグラムです』と答えたんですよ」

ケビンにとって、初めてオフィスのなかを自分の目で捉えた瞬間だった。

そして、彼はオフィスの内装から雰囲気までまるごと変えようと決心する。資金を投入して専用のスペースを獲得し、会社の個性と特徴的なエピソードを反映したオフィスに改装した。たとえば、すべての会議室に、インスタグラムの象徴的なハッシュタグにちなんだ名前を付けた――#FromWhereIStandなどと。

「こういうことも含めて、企業文化はつくられていくんです」とケビンは言う。「独自のスペースをカスタマイズしたとたん、はっきりわかりました。従業員のみんなが自分たちの価値観とブランドに合った生き方ができて、前よりハッピーになっただけではありません。訪問客を迎えたとき、そのお客たちの目が変わってきたんです。これは良い副産物でしたね」

物理的な環境を整えることにより、企業文化が構築されることもある。

ペイパル（PayPal）も、ホフマンが5名の上級取締役のひとりだったとき、各会議室は主要な国々の通貨にちなんだ名前で呼ばれていた。また、ホフマンが取締会のメンバーを務めたエアビーアンドビー（Airbnb）では、各会議室がひと際評価の高いホストにちなんで名づけられたうえに、室内のデザインも装飾もそのホスト宅を模して施された。

絶妙なブレンドを追求する

企業の創設者は、ビジネスの成長に必要な原材料配合の選択に責任を持つ、いわば蒸留酒《バーボン》製造の達人でなければならない。そして、あなたにとって成否の鍵を握る原材料はこだわりの穀物ではなく、企業文化のエッセンスを構成する従業員たちだ。

では、どうすれば優秀な人材をバランス良く配合できるのだろうか？

その答えは、どういう会社を構築しようとしているか――最終的に目指す事業規模はどれくらいか――によって異なる。しかしビジネスの命運は、初期に採用する人々の配合によって決まるということは間違いない。

自ら文化の中心を形成する人々の資質を明言し、それに合致する個人を面接で見極める方法を編み出す必要があるのだ。


具体的に、従業員にどのような資質を求め、どのように見極めるか、その答えは創業者によってさまざまだが……。


アリアナ・ハフィントンは、「思いやりのある率直さ」を、自身の創設したスライブ・グローバル（Thrive Global）でもっとも価値ある要素だと見なしている。

アリアナの定義によると、これは「ある程度辛辣《しんらつ》な討論もできて、反対意見も――どんなランクの重役に対しても――言えて、何かに腹が立ったり不満を感じたときにははっきりと言葉に出せること」だと言う。

面接では、採用候補者がどのように自分の不満に対処するのかを知るために、アリアナは彼らに、同僚や上司と最近交わした辛辣な会話例をひとつ挙げてもらうそうだ。

「だって、どんなときもハッピーでいられる職場なんてあり得ないですから」


グーグル（Google）の元CEO、エリック・シュミットにとって、勝利のコンビネーションは「粘り強さと好奇心」だ。「粘り強さは、将来的な成功の大きな予測因子だよ」とシュミットは言う。「2つ目は好奇心。つまり、どんなことが気になるか、だね。粘り強さと好奇心のコンビネーションは、知識経済で成功するための大きな因子になる」

ビル・ゲイツは「自身とは異なる分野における深い知識」に価値を見出す。しかしこれは、マイクロソフト(Microsoft)の草創期には、彼があまり尊重していなかった資質だという。当時、彼が尊敬していたのはエンジニアだけだった。「そもそも細分化した専門的な知性という概念が、僕にはピンと来なかったんだ」とビルは言う。「つまり、優れた経営手腕にあまり敬意を抱いていなかったんだ」

自分自身の知識の欠落を認識するのは、企業を成長させるうえで重要だ。そして**企業の成長に伴い、スタッフの採用ポイントを2つの観点でシフトさせることが成功の秘訣**である。

そのひとつは、ゼネラリストからスペシャリストへ、もうひとつは、担当者からマネジャー、そして幹部へのシフトである。

創業して間もない時期は、どのような業務もすべてうまくこなせる人々(ゼネラリスト)が必要だが、会社がスケールアップするにつれて、しだいにより多くのスペシャリスト(得意なことはひとつだけなのだが、それについては本当に右に出る者がいないほど優れている人)を含む集団に変えていかなければならない。同時にまた、担当者の生産性を高めるマネジャーと、経験豊富な幹部(巨大なチームを統率する能力を持つ人材)をそろえることも必要になる。

「組織を乱す人物」を見分ける質問

適切な人材を確保することが重要であるのと同様、採用したくない人物像について検討することも重要である。心理学者であり、ペンシルベニア大学ウォートン校の教授でもあるアダム・グラントは、企業文化に関して幅広い執筆活動を行っているが、彼は創業者に対して「自分のバスに適した人々を乗せるのは素晴らしいが、それよりもっと重要なのは不適切な人々をバスに乗せないことだ」と伝えている。

「『組織に絶対に加えたくない個人の資質は？』と自問することが必要なのです」と。

数々の企業のCEO兼コンサルタントを務めるマーガレット・ヘファーナンは、こうアドバイスする。「**自分を助けてくれた人の名をひとりも挙げられないような人たちを雇うのはやめたほうがいい**」

採用候補者に、仕事上これまでに一番助けてくれた人は誰？　と質問すれば、すぐにわかることだ。「ひとりも思い浮かばないようじゃ、まず見込みないわね」

マーガレットは、あるビジネス会議でのことを今も思い出すという。

「わたしの次に登壇したのは最高技術責任者だったのだけど、その講演者に会場の誰かから『キャリアアップの過程で、どなたに助けてもらいましたか？』と質問が出たのね。彼は誰ひとり思い出せなくて、あまりの衝撃に会場はしーんと静まり返ったわ」

もうひとつ「やめたほうがいい」というアドバイスを与えるのは、フェイスブックのマーク・ザッカーバーグだ。**「もしパラレルワールドで出会ったら、自分自身がこの人物のもとで働きたくなるだろうと思える人たちならOK。そうは思えない人を雇うのはやめたほうがいい」**と彼は言う。「頭のなかで立場を逆転させて、自分は目の前のこの人物のもとで快適に仕事できるだろうか？　と考えてみるべきだよ」

創業者たちが一般的に採用を控える人物像もある。それは、オーケストラの一員として演奏したことのない独奏者だ。

チームスピリットの欠如は、とりわけ創業して間もない時期には有害である。採用面接にチームスポーツについての質問を加え、ひとりひとりの採用候補者がチームプレイと相互援助と協調性についてどう考えるかも知っておくとよい。

最後にもうひとつ、アリアナからの「やめたほうがいい」というアドバイスも紹介しよう。

「**疲れているときは、面接したり採用を決めたりするのはやめたほうがいい**」と彼女は言う。

「わたしが犯した採用ミスは、もとをたどれば全部わたしの〝疲労〟が原因です。疲れているとどうしても判断力が鈍るものだけど、問題はそれだけじゃない。無意識に『イエス』と言ってしまいますから。だから今は、誰でも疲れているときには面接をしないということをスライブ社のルールにしています」

ホフマンの分析

創業スタッフは「企業文化の共同創設者」である

私は近道が大好きだ。しかし私は創業者たちに、時と場合によってはスピードを犠牲にしてでも用心して取り組むべきことがあると提言している。そしてそのひとつが、創業して間もない時期のスタッフ採用だ。

会社を始めようとしているとき、最初にあなたが採用する人々は単なるスタッフメンバーではなく、あなたが築いていく自社文化の共同創設者だからだ。会社の影響力は彼らのスキルや能力によって決まるが、会社の体質もまた、彼らの人となりによって決まる。企業の遺伝的特徴――自社文化――は、最初に雇った従業員によって決定づけられるということだ。

会社をスケールアップするには、会社にとって何が本当に重要なのかを従業員にはっきりと示すことのできる、強固な文化を築く必要がある。しかし強固な文化が必ずしも「良い」文化であるとはかぎらない。強固な文化とは、それが良くも悪くも従業員の行動に強く影響するということだ。もし強固な「悪い」文化が樹立されれば、その文化の制約のなかで会社の体質が形成されるため、最終的に人々にとって働きたくない会社ができてしまうだろう。

創業初期に雇用を誤ると、その痛手から回復するのは極めて困難である。私の友人、アポロ・フュージョン（Apollo Fusion）のマイク・キャシディによると、最初の15名の雇用を誤ると会社はまず生き残れないという。

しかし企業文化の共同創業者は、最初の従業員15名をはるかに超えるはずだ。そして、新しい重要なプロジェクトを開始するときや新しいオフィスを開設するときに、企業文化の共同創業者を招き入れることもあるだろう。つまり、彼らがバスに乗り込むのがどういうタイミングであろうと、正しい選択をするのは創業者だということだ。
創業初期の雇用でビジネスの成否が決まるのだから、創業者自身がすべての採用候補者と膝を交えて対話し、彼らが文化と適合する人物かどうかを判断すべきなのだ。それができなければ、自社文化への適合を保証する強固な採用システムを独自に開発するほかない。

創業初期の雇用によって企業文化の基準は定められ、同時に、その基準は自己永続的なものにもなる。文化の自己永続は、同化と結合によって進んでいく。

会社に加わったメンバーそれぞれが文化を吸収し擁護すると、集団が同化して適応性が生まれる。その適応は双方向に進展していくため、個人がそれぞれに独特な役割を果たし、徐々に文化を成長させ改良することができる。こうして文化は進化し続ける。

ただし、文化が結合によって自己永続するという側面もある。たとえば、あなたが誰かひとりを雇用すると、会社はその人の人脈も含めて雇用したことになる。新規採用があれば、彼らは友人を紹介するだろうし、事業提携が必要になれば、彼らはその窓口になるだろう。**創業当初に雇用した人々が持つ影響力を過小評価してはならない**のだ。

最初期のスタッフ集団が適切でなかったら、または、多様性に富んでいなかったら、後から軌道修正しようとしてもそれは困難を極めるに違いない。

どの従業員を雇用できたか、そして、どの従業員を雇用しそこなうか。他にもまだ創業初期の雇用によって決まることがある。顧客との信頼関係、社内の判断基準、優先順位なども決まるだろう。

組織の視野を広げる

これらすべての「やるべきこと・やめたほうがいいこと」を考慮し、必要な質問項目と技法でもって、会社にとって適切な資質を持ち合わせた人物を探し出すとなると、その最終目標はどうなるだろう。理想の従業員を突き止め、そのプロセスを何度も繰り返して、まったく同じ理想の従業員から成る軍団を編成することなのかと思えてくるかもしれない。しかし、仮にこういうことが可能だとしても、こうして出来上がった文化は最悪なものになるだろう。**最終目標は、見た目がそっくりの人たちや同じ考え方の持ち主を集めることではない**。もし会社が同一のタイプの人間で占められれば、盲点が巨大化して視野の極めて狭い組織になるだろう。

サリー・クロウチェックはこの点を理解したうえで、適切に女性専用の資産運用プラットフォーム、エレベスト（Ellevest）を築き上げた――その過程で、女性と資産に対する根深い偏見に満ちた金融界に風穴を開けるべく。

「わたしはウォール街育ちだから、ある程度はこの世界の能力主義を受け入れてきたのだけど、あまりにも長い間、女性株主たちは低い運用益しか与えられてこなかったんです」と彼女は指摘する。「トレーダーの90％は白人男性であるべきだ。なぜなら彼らが優秀だから。それに、金融アドバイザーの86％も白人男性であるべきだ。同じく彼らが優秀だから。そんなふうに、一般的には能力主義が機能しているわけ。……まぁ、あの金融危機は別にしてですけど」

サリーが採用したのは女性だった、と考えるだろうか。――結局のところ、彼女のプロダクトは女性を対象にしているし、彼女のミッションは金融界の男女格差を正すことなのだから。

しかし、彼女が雇ったのはチャーリー・クロールという男性だった。サリーの金融業界での経験を補完する、テック系の経歴を持つ人物で、なおかつ彼のワークスタイルと性格はサリーとはまったく似ていなかった。サリーによると、この2人は何事につけても、めったに意見が一致しないらしい。そしてそれこそが理想なのだ。

また、彼女はエレベストが人種・民族・性別においても多様性を保つように体制を整えた。

「現在は、スタッフ全体の3分の2が女性、同じく全体の40%が有色人種、技術チームの半数が女性なんです」と彼女は言う。こうした**多様性のレベルが維持されなくなったら、即座に雇用を見直して集中的にバランスを取り戻す**ことにしている。

さらにリリーは、**年齢・身長・言語・性的指向・宗教・経歴・教育・性格など、人間のあらゆる側面の多様性を保つ努力**を始めている。たとえば、外向的な人と内向的な人、物事に対して厳密なタイプと柔軟なタイプというふうにバランスをとるのだ。

「他にも、楽観主義者の数がわかったら、じゃあ悲観主義者は何人いるの？　となるわけ。こうなると、ほとんどルービックキューブを解いているようなもの」

ホフマンの理論

前向きで柔軟な文化を構築する

■**自ら進化できる知的な文化を確立する**

テクノロジー事業では、企業文化の中心メンバーは「第一原理」的な思考をする人々でなければならない。盲目的に指示に従うのではなく、立証済みのプロセスに固執するのでもなく、第一原理的な思考をする人々は何事にも問題意識をもって取り組むだろう。「会社にとっての最善策は？」「もっと他に良いやり方があるんじゃないか？」というふうにである。

■**「従業員ファースト、顧客セカンド」へ切り替える**

従業員ファーストの文化を適切に形成することができれば、従業員ひとりひとりのパフォーマンスが向上し、その結果、顧客に対してさらに良いプロダクトとサービスを提供できるようになるだろう。

■**自社の文化を何らかの形で明示する**

独自のビジョン、価値観、そしてあなたが継承した会社の伝統は、企業文化を定義づけるうえで、自分が思う以上に重要な要素である。創業者が何を考え、何を望んでいるか、周囲の誰もがわかっていると思い込んではならない。それは就任第1日目から誇りをもって声に出すべきものだ。

■**初期のスタッフは共同創業者と見なす**

会社の気風は、創業者が初期に雇用した従業員によって決まる。そのため、当初から企業文化の中心となる個人の資質を考え――さらに望まない人物像も明確にして――それに基づいて採用希望者の面接を行うべきだ。

■**ルービックキューブを解くように、認知の多様性を保つ**

認知の多様性が尊重される企業文化がなければ、多くのビジネスチャンスを逃すことになる。自身の間違った考えを正す機会を永遠に失うばかりでなく、やがて単調な、そして一寸先も見通せない靄《もや》のなかに迷い込むことになるだろう。

第5章

成長は時に早く、時にゆっくり

スピードが重要なとき

トリー・バーチ（Tory Burch）のファッションブランドになじみのない人もいるかもしれないが、その特徴はモダンとクラシックを融合した――「プレッピーシック」と呼ばれる――スタイルにある。

少女の頃、トリーはファッションにまったく興味がなかった。「おてんば娘だったたし、高校の学年末ダンスパーティに行くまでドレスなんて着たことなかったわ」と彼女は回想する。

実のところ、彼女がファッション業界に入ったのは偶然だった。大学を卒業するとき、トリーには生涯かけてやっていきたいと思えるものがなかった。しかし、どういう仕事でもいいから就職して、ニューヨークに住みたいとは思っていた。そこで、あるデザイナーに売り込み電話をかけてみた。自分自身を称して「とんでもなくシャイ」という彼女にしてみれば、これは生やさしいことではない。だが、幸運にも雇ってもいいという返事だった。彼女は金曜日に卒業し、その週末にニューヨークに引っ越して、月曜日から仕事に就いた。

何年もの間、いろいろなデザイナーのもとで働き、その後しばらく家庭で育児に専念した末に、トリーはついに自身の冒険的事業を計画し始める。まだ誰も取り組んだことのない画期的なビジネス形態だった。そこには、小売店とウェブサイトで消費者に直接販売する方法も含まれていた――当時は、たいていのファッションブランドが百貨店で売り出されていたのだった。

計画は「忍耐強いプラン」でもあった。地道に少しずつ店を増やそうと決め、まずは5年で3店舗をオープンすることを目標にした。ところが、予想外の好機が開業1年目に訪れる。オプラ・ウィンフリーがトリーのデザイナーブランドを発見し、番組で特集してくれたのだ。3店舗の計画は破棄され、トリーは17店舗をオープンすることができた。

それから間もなく、国際的なビジネス展開の好機が到来する。しかしトリーは、またしても意図的に忍耐強い姿勢をとった――とりわけ、中国への進出に関して。

「爆弾を落とすようなやり方で海外進出するような会社にだけはしたくありませんでした」と彼女は言う。「参入するマーケットには敬意を持ち、文化を理解したい。今までも慎重にやってきましたし、新しい国に進出するときは、その国の市場の誰かと提携関係を結ぶことも多いんです」

しかし、よりアグレッシブに動く準備が整ったとたん、トリーの行動は素早くなる。現在、彼女は中国に30店舗を構えている。

急成長期には、トリーは一貫して自身の直感に依拠しながら、あるときは半ば強引に事を進め、あるときはじっくりと時間をかけて事に当たった。事業拡大につながる申し出をあえて断わる場合や、それらを長期的な検討課題とする場合もあったということだ。

アウトレット直販店を例にとってみよう。近年、これらの大規模なディスカウント店は、人気と売り上げの両面で大きな成長を遂げている。「アウトレット商法は、ほとんどドラッグのようなものですね」とトリーは言う。「手っ取り早いんだけど、長期的な解決策ではない。会社の価値を低下させる可能性もありますし」

彼女がアウトレット店をオープンしたのは、時期と場所が適切なときだけである。それも、商品の価格とブランドイメージを守ることができるペースでの出店だった。

「この業界では、誰もがアウトレット店舗を持ちたがるようですが、わたしにとってそれはビジネス戦略とは言えませんね」とトリーは説明する。

大手百貨店が彼女のブランドをどう扱うかについても、トリーは注意深く観察している。ある大手デパートから彼女のファッションアイテムをひとつ残らず引き上げたこともある。これは、たいていのデザイナーブランドから暴挙と見なされる思い切った動きだ。

「自分の会社が不当な扱いを受けたら、たとえば、正しく品をそろえてくれなかったり、正しい隣接条件で商品をお店に並べてくれなかったり、まだこちらはその時期と思っていないのに早々と何の相談もなくバーゲン品にされてしまったら、さっさと次に行くしかないでしょう」と彼女は言う。

長期的に考えたブランド戦略が第一で、短期的な収益は第二という、トリーのこのアプローチは、傍観者を当惑させることもある。微笑みながら、そのことについて彼女はこう語った。「昨日、あるジャーナリストとお昼をご一緒したの。そしたら、彼女がこんなこと言ったのよ。『あなたはご自分のブランドを守ることでよく知られていますが、ちょっと度が過ぎていて、投資家たちもほとほと困っているそうですね』って」

実際は、トリーを支援する投資家たちは彼女の決断にかなり感服している。そもそも、年間売り上げが15億ドルを超える私企業はそうあるものではない。これは文句のつけようのない業績である。

さらに、彼女の事業拡大へのバランスのとれたアプローチは、女性のビジネスリーダーの間では一般的になりつつあるとトリーは思っている。

「わたしがビジネス関連で知り合った女性たちは、長期的な視野を持っているわよ」と彼女は言う。「自分たちの取り組んでいることが、5年先、10年先にどんなふうにビジネスに影響するかを考える傾向が女性たちにはあるの」そしてトリーには確信がある。**いつ我慢して、**

いつ急発進すべきかを女性たちは本能的に知っている、と。

競争から抜け出すこと

出走ゲートからいち早く飛び出せば、最初にライバルに差をつけるだけではなく、完全にライバルが追いつけない位置まで達することができるかもしれない。

これが、ペイパル（PayPal）の共同創業者のひとり、ピーター・ティールの哲学だ。ピーターはシリコンバレーでさまざまな論議を呼ぶ人物であり、その挑発的な発言と予想外の政治活動は有名である。しかし起業家・投資家としての彼の実績は否定しようがない。そして、その業績のすべてが「機先を制す」という急進的なアプローチに根ざしている。

ピーターが信じるのは、**競争に打ち勝つことではなく、競争から完全に脱出すること**だ。まだライバルのいない新興分野に参入するか、あるいは、素早く決然と動いて、追随する他社を圧倒的に引き離すかのどちらかだ。

ペイパルの草創期、ピーターは、競争から脱出するにはできるだけ多くの顧客を――できるだけ速く――獲得することだと理解していた。

彼は高コストの実験を行った。

大半の企業は、新しい顧客を見つけるために広告予算を確保する。しかしペイパルは、より直接的な道を選んだ。顧客本人に支払ったのだ。既存の顧客が友人にペイパルを紹介すると、紹介者1人につき（オンラインで）現金10ドルが支払われた。

ピーターは費用全額を放出したかったわけではない。ただ、誰よりも素早いスタートを切るにはこれがもっとも確実な戦略だと思っただけだ。

この戦略は強いロジックに基づいていた。ユーザーに支払うことで、ペイパルの――手軽に送金するという――事例を具体的に示すことになる。次に、これは費用がかかるように見えて、実は、他の消費者インターネット企業が展開する広告キャンペーンよりはるかに安く、より直接的なユーザー獲得法である。

「われわれは、可能なかぎり急速にスケールアップしなければならなかった」とピーターは言う。「そうしなかったら、他の誰かに打ち負かされただろう。おまけに、脱出速度を獲得することもできなかっただろう」

結局、ペイパルは紹介ボーナス制度を停止した後も成長の一途をたどるのだが、当時のピーターにそこまでの確信はなかった。

「速くスケールアップするには、全力で走らなければならない。だがその結果、十分な脱出速度が得られるから、誰もがしのぎを削るブラックホールから、いち早く逃げ出すことがで

きる」

このとき、ペイパルはビジネスモデルを完成させてもいなかった。「スケールアップするか、ビジネスモデルを確立するか、2つにひとつだと思っていた」とピーターは言う。彼はスケールアップを優先し、ビジネスモデルは後回しにしようと決断した。

ペイパルのユーザー数を飛躍的に伸ばす一方で、ピーターは企業コストも飛躍的に増大させていた。「あの頃のペイパルの資金回転率は、1カ月に1000万ドルを超えていた」とピーターは言う。「かなり苦しい状態だった」

しかし企業が、一定期間、収益を度外視する場合は多い。なかには何年も利益追求を先送りにする企業もある。

アマゾン（Amazon）は、ウォール街の投資家からの不満の声を20年近く無視し続けた——地道な努力によって、小売部門ごとの競争から次々に抜け出しながら。

ペイパルは、出走ゲートから急速に飛び出そうとしていたときでさえ、この先いつ会社が一息つけるかわかっていなかった。脱出速度は一定ではなく、常に競争の激しさに対する相対的なスピードである。**競争相手によって、自分がどの程度加速するべきか決まる**のだ。

そしてペイパルには、強烈なライバルがいた。オンライン決済サービスを新たに開始しようとしていた、イーベイ（eBay）である。

動きの遅い大手既存企業に対して、身動きの速いスタートアップが優位に立つのはこういう場合だ。ペイパルの創業メンバーであり、その後、同社のCOOに就任したホフマンは、こう説明している。

「現実的に言って、（イーベイのような）大物が最大の競争相手になることはめったにない。彼らはわざわざ新分野に突入して、リスクをとってまで競合しようとは思わないからだ。あの当時は、ペイパルがしくじったとしても、数千人のユーザーから不評を買うだけだった。ところが、イーベイがしくじれば、何百万人ものユーザーを怒らせたうえに、政府当局の監視の目を引きつけることになっただろう」

それに、もしイーベイにそうしたリスクをとる気があったとしても、ホフマン曰く「店のレジをインターネット上に持ち込むようなことに大量の創造的エネルギーを燃やすだろうか？　何はともあれ、彼らがつくり上げているのは、あらゆる商品を扱うオンライン・グローバルマーケットプレイスだ。ちっぽけな会社がレジカウンターを乗っ取ったからといっていったいどうだというのか？　そんなわけで、われわれとしてはイーベイの新しい決済システムに気を揉んではいたが、同時にまた、彼らがシステム導入まで1年以上もかけるところを見て勇気づけられてもいた」

一方、ペイパルは成長を続け、大きなユーザー基盤を確立していた。ピーターには、競争の激しい状況下で事業を始めたとしても、脱出速度さえ得られれば、いずれライバルのほとんどは姿を消すということがわかっていた。しかし、実際に自分が脱出速度に達したことをどうやって知るのだろう？　ピーターは公式を持っていた。

「僕は以前、ある数式をペイパルのいくつかのホワイトボードに書かせていた」と彼は回想する。今でも、その式を彼はスラスラと言える。「$u_t = u_0 e^{xt}$だ。［u_0］は最初のユーザー数で、［u_t］は［t（時）のユーザー数、そして［e^{xt}］は指数関数的な成長因子。［x］の値が大きくなると、成長指数はさらに急速に上昇するということだ」

　この説明でわかっただろうか？　わからなくても心配ご無用。要するに、「ペイパルの［x］は、ユーザー基盤が1日につき最高7％増大するなか、ユーザー数と収益の両方、またはその一方が絶え間なく倍増する——グラフ上にホッケースティック曲線（横ばい状態が長く続いた後に急激な右上がりになる曲線）を描くような——類いの成長段階に達した」と言えば十分だろう。

　ペイパルのユーザー数は、創業時の24名から瞬く間に1000名まで増加し、その1カ月後には1万3000名、さらに1カ月後には10万名に達し、結局、100万名のユーザーを獲得するまで3カ月もかからなかった。

「アインシュタインの名言があって、もしかすると作り話かもしれないけれど」とピーター。

「**複利のパワーは宇宙のいかなる力よりも強い**、という意味の言葉を残したらしい」——アインシュタインがそう言ったという記録もないし、彼がそんなことを言うわけがないと確信している。それでもやはり、これは鋭い指摘だ。

ピーターは、初期ユーザーへの支払いによって、複合の生み出す力をペイパルが活用できるようになると当初から予測していた。そしてその予測は当たった。「おかげで、実に過激な走行になったがね」と彼は言う。

シリコンバレーが多くの成功者を輩出しているのは、この「複合成長の法則」があるからだ。**「この法則を知っているから、投資家たちはごく小さな会社に何億ドルもの資金を投入するのだ」**とホフマンは言う。

「あなたのスタートアップが脱出速度を得ようとするかぎり、複合成長のパワーを理解している投資家なら誰でも、あなたに出資を続けるだろう」

そして彼らが出資を続けるかぎり、あなたは成長し続けることができる。しかし、脱出速度を維持するには――速度によって、多額の資本を早期に確保することにはなっても――その資本を驚異的なペースで使い続けざるを得ない場合があることも忘れてはならない。

最終的に、ペイパルはオンライン決済セクターにおける支配的な地位を確立した。そして、その猛烈なスピードにより、大きくて動きの遅いイーベイは選択の余地のない状態に置かれ、結局、ペイパルを相手に競争するのを諦め、代わりに同社を2002年に15億ドル（約1950億円）という莫大な金額で買収した。ちなみに、現時点のペイパルの時価総額は2470億ドル（約32兆円）である。

決断、決断、決断、決断！

エリック・シュミットは、自分が犯した非常に大きな間違いに気づき始めていた。彼は、14年間、サン・マイクロシステムズ（Sun Microsystems）で成功を享受した末に、決心する。

「変革のときがきた。どこか別の場所でCEOを務めるべきときがきたんだ」

彼は、ノベル（Novell）という名のネットワーキング・ソフトウェア会社を率いる仕事のオファーを受けていた。書類を見るかぎり、それは完璧に思えた。

「でも僕はいつもの調子で、適切な注意を払わなかった。現実を突きつけられたのは、初出社したその日だよ。提出された4半期の収益の数字を見ると、最初の面談で聞いたのと違っていたんだ。そしてその週の水曜日——僕が出社して3日目——には、もう会社は本物の危機に陥っていた」。状況は急激に悪化した。

「その年の夏には『最悪の1カ月』を経験した。とにかく何をやってもうまくいかない日が続いたんだ。その1カ月間のある日、たまりかねて僕は同僚に向かって『人格を損なう前に、ともかく僕はこの状況から抜け出したい』と言った。試練に直面して、初めて人は何が本当に重要なのかを学ぶものだね」

この危機のさなか、エリックは新しいことを習得し始める。

彼は小型機の操縦士になったのだ。取るに足りないことのように思えるかもしれないが、実はこれがその後、大きな影響を及ぼすことになる。エリックは、ある友人にこう言われた。

「君には気晴らしが必要だよ。飛行機を飛ばしていたら、他のことは何も考えなくていいんだ」

「あれは最高のアドバイスだった」とエリックは回想する。「なにしろ、飛行中は迅速な決断が要求される。何度も何度も、続けざまに意思決定の瞬間が来るんだ。まずは決断、次にその結果を受け入れることになる」

「こういう教えをたたき込まれたおかげで、僕は何とか乗り越えることができた――あの、根本的な転換を迫られた、ノベルの苦しい時期を」とエリックは回想する。

しかし、この迅速な意思決定の習慣は、彼が4年後にグーグル（Google）の会長に就任してからも良い結果をもたらした。それは歴史的に明らかな事実である。

迅速な意思決定が、グーグルの爆発的な成長の鍵だったのは間違いないが、それには少なくとも2つの要素がある。

ひとつは、経営陣の迅速な意思決定によって、オンライン検索の急速に変化するエコシステム競争に、同社が打ち勝ったことだ。

もうひとつは、あまりよく理解されていないことだが、迅速な決断がイノベーションに拍車をかけたことだ。**官僚主義的な煩雑極まりない手続きほど、創造性を阻害するものはない。**

「大企業のほとんどが、あまりにも多くの弁護士と意思決定者と、それに明確な意見を持たない所有者を抱えている。それは一時的な凍結を招くんだよ」


エリックはそのような凝固を避けるために、当初から迅速な意思決定を日常業務の中心に据えることにした。

「僕らは、月曜日にスタッフミーティング、水曜日にビジネスミーティング、金曜日にプロダクトミーティングを開いた。「その意図は、どのミーティングで決断が下されるかを全員が承知していること。**グーグルでは、現在の規模になってさえ、ほぼすべての案件について素早い決定が下りる。**これは創業初期から受け継がれてきた、会社の伝統だよ」


ユーチューブ（YouTube）を16億5000万ドル（約2145億円）で買収したのが、その完璧な例だ。「僕らは、ユーチューブの買収を約10日で決断した。歴史的な決断だったが、そうする準備が整っていたんだ。僕らには、買収を実行したいという明確な意思があった」とエリックは回想する。

スーザン・ウォジスキも、そのスピードを覚えている。

スーザンはユーチューブの現CEOだが、買収当時は長年勤めたグーグル社員のひとりだった。そして彼女が当時取り組んでいたのが、グーグルビデオという——ユーチューブにとって直接のライバルとなる——新しいプログラムだった。

「ユーチューブは、グーグルビデオの2カ月ほど後に発足しました。そして、あっという間に成長して、わたしたちより大きくなってしまいました」とスーザンは回想する。

「わたしたちに勝ち目はなかったですね。最初にこの分野を見つけて、プロダクト開発に乗り出したときはとても興奮したのだけど、いざサービスを開始したら、あれよあれよという間にはっきりしました。『わたしたち絶望的じゃないか』って。そう思った最大の要因は、アップロードされていた動画の数です。どれだけ多くの人たちが新しくユーチューブとグーグルビデオに動画を投稿しているか追跡調査していたら、とっくにユーチューブに大きく水を開けられていたわけ。プログラムにいくつか修正を加えてみたけど、手遅れでした。だからわたしにとっては、あれが決定的な瞬間——追いつくのは至難の業だとわかった瞬間ですね」

「同時に、ユーチューブ側はもっとたくさんの投資を受ける必要があると気づきました。実は、相当深刻な資金不足に陥りかけていたとか。莫大な投資を受けるか、それとも売却するかのどちらかだという状況です。そして、当時はまだユーチューブが簡単に投資を受けられるほど金融市場に理解されていなかったんです。

そんなわけで、ユーチューブは自社を売却しなければならないと気づいて、買い手を探し始めたんですが、その頃、わたしの目にはっきり見えていたのは、動画共有サービスの将来性でした。これはビッグチャンスだと思いましたね。だから、私はサラー・カマンガーと並ぶ熱心なユーチューブ買収提唱者になりました。ちなみに、サラーはわたしの前任のユーチューブCEO。2人でよく話し合ったものです。ユーチューブにどれだけ大きなポテンシャルがあるか——動画の再生回数だけじゃなくて、将来的な収益という点でも」

エリックは、ユーチューブを6億ドル（約780億円）で買収するという最初の提案を却下していた。時機を待てば買収額がもっと高くなると言われていたが、彼は買収する価値はないとして退けたのだ。ところがしばらくして、ユーチューブが売却についてヤフー(Yahoo)と相談するという噂が聞こえてきた。

エリックは腹をくくった。彼が話に加わるときがきたのだ。

彼はユーチューブの創業者たちとテーブルをはさんで席に着いた——なんと、ファミリーレストランのデニーズだった。10億ドルの取引をするのに、これ以上の場所が他にあるだろうか？

「実を言うと、僕たちがデニーズで会うことにしたのは、あそこなら誰かにばったり出くわす心配がなかったから。リークされたくありませんからね」とエリックは言う。

価格の折り合いは数日中についた。ユーチューブのチームがグーグルの幹部会議に招かれ、取締役会が採決するという手順を踏んだだけで、あっさりとユーチューブはグーグルの傘下に収まった。そして、このときエリックが素早く動いたのは正解だった。「後で知ったことだけど、彼らは僕たちと会った翌日にヤフーとも話をしていたんだ——同じデニーズでね！」

「グーグルは16億5000万ドル（約2145億円）で買収しました」とスーザンは回想する。「わたしたちが最初に受けた指令は、『この取引を台無しにするな』でした」

この言葉は、数年後に改めてスーザンの胸に響いただろう——彼女が再び、電光石火の速さで重大な決断を下すべきときに。

グーグルに10年以上勤めたスーザンが、ユーチューブの指導的地位に就任する気はあるかどうか問われたのだ。

「『ユーチューブのこと、どう思う？』と切り出されました。『君にやってもらいたい仕事があるんだ』とは言われなかったんです。わたしには何の心の準備もなかったけど、とにかく、ユーチューブについて日頃感じていたことを、ありったけ話しました」

2週間後、スーザンはユーチューブのCEOに就任することになる。


エリックやスーザンの物語、そしてビジネスの歴史からも明らかだろう。

グーグルのもっとも戦略的な決断の多くが、結局は素早く行動することに帰着している。

グーグルの戦略としてあまり知られていない側面かもしれないが、グーグルが優位に立つために、比較的小規模な企業を買収するのはこれが理由だ。

「僕らは多くのエンジニアを擁している」とエリックは説明する。「でも、たとえば、エンジニアたちが新しいプロダクトを製作するのに1年かかると仮定しよう。それに対して、費用はかさむが買収するという手もある。

さらに、僕らはそのプロダクトを相当早く収益化できるとしよう。となると、
選択肢A「それを自分たちで製作して、しかも立派なプロダクトに完成させる」か、
選択肢B「その企業を買収する。そして今すぐ実行する」の2択だ。

こういうときは**常に、「今すぐ実行する」ほうを選ぶべき**なんですよ」

一夜にして成功を収めた、その翌朝

創業者は、よく「一夜にして成功を収める」ことを夢見るものだが、ほとんどが成功した翌朝のことまで思い及ばない。目が覚めると、手に負えない状態になっていたということはよくある話だ。

教育支援を目的とする非営利団体コード・オーグ（Code.org）の共同創業者、ハディ・パルトヴィもそのひとりだ。彼は２００７年にアイライク（iLike）という音楽共有アプリを開設し、フェイスブックの初期アプリとして公開したとき、当時のフェイスブックの月間アクティブユーザー数がわずか２０００万人ほどだったことから、アプリ公開の威力を軽く見ていた。

「僕らは注目度から判断して、このアプリはサーバー2つでやっていけると考えていました」とハディは言う。「でも一時間もしないうちに全然足りないとわかり、すぐに倍にしました。その後また倍にして、さらにまた倍にしました」

それから間もなく、約30個のサーバーがなければローディングの負荷に耐えられなくなったという。「週末までにサーバー不足に陥るのがはっきりしました」。そこで彼はパートナーとともに、Uホールトラックを1台借りて、片っ端から電話をかけた――「あなたのデータセンターに、マシーンを借りに行ってもいいですか？」と。

どうにかアイライクが機能停止にならないように、2人はその週末中、借りたマシーンの梱包を次々に解いて設置した。

こういう経験をした者は、枚挙にいとまがない。**新しいテック系プロダクトの人気が急上昇すると、不意を突かれた開発チームは慌てふためき、事態の収拾をつけられなくなる**のだ。このため、「シリコンバレーには、緊急時対応策というものを知っている人間はいないのか？」との問いも生まれる。

その答えは、「いったい誰に、緊急時対応策を考える時間がある？」だ。新たな市場に最初に乗り込むだけでなく、その市場で最初のブリッツスケーラーになるには、成長する機会をひとつ残らずつかむ必要がある。

ホフマンの分析

ビジネスを成長させる分配方式とは

成功を収めてスケールするスタートアップとは、絶えず拡張状態にある企業のことだ。たったひとつのプロダクトに精魂を傾けることから彼らの事業は始まるが、次第に多種類のプロダクトや製造ラインを開発し、さらには異業種へとビジネスを広げていく場合もある。**「シングルフォーカスからマルチスレッドへ」の法則**である。

こうした事業の拡張を進めるうえで、どのスタートアップにとっても重大なのは、自分たちの資源をどう分配するかという問題だ。

単純に、70／20／10という分配比にするのも有効かもしれない。これは、**資源の70％を主要プロダクトに、20％をその周辺プロダクトに、10％を相当なリスクを伴う新事業開発に充てるという分配方式**である。

この分配方式を適用させるか、さらには、これにどの程度まで経験則を反映させて信頼性を高めるかは、あなたの参入しているビジネスの性質によってさまざまだ。また、この方式へのアプローチも一通りではない。

たとえば、こう宣言することもできる。

「われわれのスタッフは全員で6名だ。今後、そのうちの1名か2名は、勤務時間の10％から20％を、当社の基幹プロダクト以外の実験に専念してもらうことにする」

あなたがもし事業拡大の分野を選んでいるとしたら、自ら問うことができる重大な質問がいくつかある。

「（もし可能なら）自分はどういう物を試したいだろう？」

この問いをさらに深めたのが「自分が今やっていることの周辺プロダクトとしてふさわしいのは、どんな物だ？」「どの分野なら、新しいプロダクトやサービスを大きく拡大させることができるだろう？」

または、これらの代わりに「競争相手が手がけ始める前に、自分は何をしたいだろう？」という問いかけが鍵になる場合もあるだろう。

問いかけにはさまざまな形がある。たとえば、こう問うことさえ可能だ。

「われわれに競争を仕掛けてくる企業が現れるとしたら、彼らはどうやってわれわれに対抗するだろうか？」

分配比の20％と10％に関しても、割り当て分の資源を有効活用するために、「業界では、他にどんなことが起きている？」と問いかけることができる。具体的には、「テクノロジーを駆使したプラットフォームに何らかの変化は起きているか？」という質問だ。

これは、クラウド、ＡＩ、ユビキタスセンサー・ネットワーク、ＩoＴ技術、ドローンへの動きかもしれない。そしてこれらの新技術から、資源の20％や10％で取り組むべきアイデアを思いつく場合もあるだろう。

戦略的な成長を推進する、唯一の方法があるわけではない。しかし、これらの質問を投げかけ、そしてこの資源の分配方式を適用することによって、ビジネスの成長を生産的な方向へと容易に導くことができるようになる。

火消しに奔走するなかれ

ビジネスが急速に成長しているときは、常に試練に直面するだろう。在庫不足、サーバーのクラッシュ、顧客からの電話に出られない状態などだ。これらのトラブルのうち、どれを真っ先に解決すべきか判断するのは難しい。もしあなたがすべてのトラブルを即座に解決しようとすると、あなた自身が精神的に燃え尽きてしまうだけだ。だから起業家は、火事が起きても、そのまま燃えさせておくことを学ばなければならない――ときには火事が非常に広範囲に及ぶこともあるが。

急速にスケールアップする企業は、何よりも前進することに集中しなければならない。しかし、トラブルに対処するために時間が費やされていては、それを実行することはできない。**あちこちの火事をすべて鎮圧しようとすると、ビジネスを構築する決定的な機会を逃すこと**

にもなり得る。なぜなら、反応《リアクション》だけで、行動《アクション》を起こせないからだ。

肝心なのは、無視してはならない火事を見極めることだ。あっという間に広がって、ビジネスをまるごと焼き尽くすような火事を放置してはならない。だが、それ以外の火事には、たとえ炎が高くなろうと無視できるものもあるだろう。

火事を静観するには、度胸と注意深さと、そして多くの訓練が必要だ。

セリナ・トバコワラは、チケットマスター（Ticketmaster）やイーバイト（Evite）といった企業を率いることでたくさんの火事を消してから、サーベイモンキー（SurveyMonkey）という独創的なウェブサイトにたどり着いた。

サーベイモンキーの創業者のライアン・フィンリーは、オンライン・アンケートのソフトウェアを開発し、世界的な人気を誇るアンケートツールへと成長させた――企業が成長するために必要とされるもののすべてが足りなかったのに。

「彼は、1セントの資金もない状態でビジネスを立ち上げたのです」とセリナは言う。「ライアンの他にはソフトウェア開発者が2人と、カスタマーサービス担当のスタッフが10人。それだけでした」

このスタートアップのリーダーたちがセリナと面談し、彼らのビジネスに加わるように依頼したとき、彼女は初めて、わずか3名でプログラミングをすべて行っていることを知った。

「あれほどの収益を上げている会社にたった3人だなんて」と彼女は言う。
しかし同時に、彼らが会社をスケールアップしようとしたら大きな問題を抱えることになるのが彼女にはわかった。何より心配だったのは、彼らのシステムにバックアップがまったくなかったことだ。もしシステムがエラーを起こし、ダウンしたら、会社の貴重なアンケートデータすべてビジネスの主要な収入源——が跡形もなく消えてしまうかもしれない。

セリナが加わったサーベイモンキーのチームは、データ消失の確率を見積もり、これは無視できない火事だと判断した。
誰かが、会社が潰れるほどの大惨事を予見し、それを未然に防ぐことに爽快感を覚えるなら、その人は間違いなく熟練した火消し屋だ。セリナは、その火事を鎮めるとすぐに、数え切れないほどのトラブルを次々に解決していった。サーベイモンキーには、急成長するスタートアップすべてと同様、マーケティング計画も海外ユーザーを獲得する戦略もなく、また、プログラムは——カスタマイズするたびに頭が痛くなるほど——混乱を極めていた。

成長を妨げるこれらの問題を解消するために、セリナが即座に雇い入れたのは、エンジニア、マーケティング立案者、ユーザー・インターフェースデザイナー、翻訳者などの専門家集団だった。

セリナが加わったときのサーベイモンキーの状態を見て、それを混沌ないし管理不行き届きと片づけることは簡単だ。しかし、そうした見方は、企業の成長について重大な思い違いがある。どんなスタートアップも、絶えず緊急度によって優先順位をつけるトリアージ状態にあるものだ。そして、**急成長する企業が、長期の安定より戦略的な成長を優先させるがあまり、巨大な脆弱性《ぜいじゃく》を積み上げるのは特に珍しいことではない。**

ときには、プロダクト、チーム、オフィスなどを早急に築くために近道を通り、あとから——もっと強固に——築き直す必要があるかもしれない。このやり方を実際に受け入れるのは、容易ではないかもしれない。

しかしセリナが「短期間は、資源を無駄に費やすことを覚悟する必要があります。その課題に取り組んでいるスタッフにきちんとその意図を説明すれば、スタッフも理解できるんです」と言うように、**炎を燃えるままにしておく場合に重要なのは、チームが「問題に気づいたうえで、意図的に放置していること」を認識すること**である。

チームがこれを受け入れたなら、それはあなたが適切な人々を雇ったという証拠でもある。

ホフマンの分析

どの火事なら放置してもよいのか？

物心ついてからずっと、われわれは火事を起こさないように、もし火事が起きたら即座に消火するように教えられてきた。しかし起業家として成功するには、あえて放置しておくべき火事がある。そして、ときにはその火事が非常に大きく燃え広がることもある。

常に、あなたのやることリストには1日でやり遂げられる以上の項目が並び、パートナーや顧客からは、多くの要求が突きつけられる。なかには、会社にとって死活問題になる場合もあるだろう。どの火事を燃えるままにしておくか、そして、どれだけ長くその火事を放置しておくのか。こうしたことを正しく判断するのが、ビジネスの成功と失敗を分けることもある。

急成長する企業では、特にカスタマーサービスが大きな警報音を鳴らすことがある。

その際の基本法則はこうだ。「**仕事が遅れないかぎり、どんなカスタマーサービスでも提供せよ**」そしてこれには、場合によってはサービスをまったく提供しないということも含まれている。

ペイパルの創業期に、われわれのユーザーは飛躍的に増加し、それと同時に不満を抱えたユーザー数も指数関数的に上昇した。当時、ペイパルにはわずか3名体制のカスタマーサービス部しかなかったため、あっという間に、顧客からのメールに回答できない事態に陥った。その後も事態は悪化し、一時期は週に1万ずつの新着メールが未回答のまま溜まっていった。

こうした事態に顧客たちが不満を募らせるのは当然である。間もなく、すべての電話機が連日連夜休みなく鳴り続くようになった。われわれはどう対処したのか。

デスクの上にある固定電話すべての着信音スイッチを切って、仕事上必要な電話はわれわれ個人の携帯電話を使ってかけることにした。

良くないことは、もちろんわかっている。われわれは何よりも顧客を重視すべきであり、ユーザーたちの声に耳を傾けなければならない。しかし問題は、**われわれは現在の顧客だけではなく将来の顧客についても考える必要がある**ということだ。現在の顧客にのみ注意を払っていては、将来の顧客を1人も獲得することができないかもしれない。

そういうわけで、われわれは問題を解決する体制が整うまで、顧客の不満を放置した。

その体制づくりのために、われわれはネブラスカ州オマハへ飛び、コールセンターを開設し、2カ月後には200名のスタッフを擁するカスタマーサービス部が発足し、問題は解決した。

だが、私としては、これより一瞬でも早くこの問題に対処しようとは思わなかっただろう。

こういう類いの選択を迫られると、私は蓋然性《がいぜんせい》を見積もることから始める。この最悪な事態の蓋然性は高まるか、それとも低くなるのか。そして同時に、もしその事態が起きたら実際にどういう損害を被るか。さらに、その事態が起きた後の修正は可能かどうか。

問いに対する答えが「致命的な損害」であっても、つまり、メルトダウンが起きたら事業はただ終末を迎えるという可能性が非常に高くても、パニックに陥る必要はない。なぜなら、多くのスタートアップが早い段階でこのような危機的状況に直面しているからだ。

リンクトイン（LinkedIn）がバックアップのデータベースを持ったのは、創業後何年も経ってからである。ここに蓋然性の問題が出てくる。これが起きる確率は、せいぜい0・1％か、ひょっとすると0・01％くらいのものだろうか？ もしそうなら、おそらく3カ月か半年後まで解決するのを待ってもいいだろう。しかし、もしそれが1日につき1％の確率で起きるようなことなら、その日数を足していけばかなり早いうちに15％に達することになる。こうなると、30日以内にビジネスが暗礁に乗り上げるのはほぼ確実といえるだろう。

最悪の事態が起きる蓋然性がこのレベルに達したときに、私はこう反応する。「オーケー、今すぐそいつを解決しよう」

これが無視してはならない火事なのだ。

会社の基本理念を守り抜く

軍資金によって事業拡大が急速に進むことに疑問の余地はない。だが、すべての資金が等しいわけではないということに留意するのも重要である。

成長の見込みのないスタートアップに、投資家たちが「ノー」と言うべきときを知っていなければならないのと同様、**起業家たちもまた、自分と合わない投資家に「ノー」と言うべ**

る前だ。

きときを知る必要がある。

そして、その一線をどこで引くかを決めるタイミングとして最良なのは、資金が必要になる前だ。

ラナ・エル・カリウビは、感情認識ＡＩのパイオニアであるアフェクティーバ（Affectiva）の共同創業者である。同社が開発したソフトウェアには、人の表情を読み取って、その人の気持ちを表示する機能がある。ラナの説明によると、表情認識テクノロジーは医療・教育・ドライバーの安全性など多くの分野に応用することが可能だという。

「だけど、間違った人の手に渡れば、この技術が乱用されることもあるでしょう」。たとえば、人々を差別するために使われたり、プライバシーの侵害を引き起こすこともあるというのだ。

そこでアフェクティーバの創業者たちは、同社との意見の一致が明らかで、なおかつ、このデータの集め方と使い方を正しく理解している業界にのみ、この技術を導入しようと早くから決めていた。

「マサチューセッツ工科大学のメディアラボから独立して起業したとき、共同創業者のロザリンド・ピカード教授とわたしの共通認識は、この技術がいろんなところで使われそうで、どこで一線を引こうか？　ということでした」

彼女たちは可能性のある事業領域を思い描いてみる。

「警備や調査のような、大金を手に入れやすい分野ではやめておこうと」とラナは回想する。「すると、そのことで、わたしたちは試されることになったのです」

起業家というのはあらゆる形と大きさの試練に遭うものだが、とりわけ資金繰りが苦しくなったときが多い。

「2011年のこと。わたしたちは、あと2カ月くらいで閉鎖せざるを得ない状況に追い込まれていました。資金不足に陥ったのです。そんなとき、ある情報機関のベンチャー部門から話を持ちかけられたのですが、彼らは『4000万ドル（約52億円）の資金を提供しよう』と、当時のわたしたちにとっては大金を提示してきました。でも条件があって、それは『アフェクティーバを、警備・調査・嘘発見の分野に方向転換すること』でした」

どうすべきか決めるのは簡単ではなかった、とラナは認める。「このお金を受け取って、会社を存続させることもできます。一方、会社の基本理念を自ら犯し、その存在理由を否定することになったでしょう。わたしたちは一貫した態度を取るべきだと判断しました」

彼女たちはその出資を断った。

そしてしばらく時間はかかったものの、最終的にアフェクティーバは別の資金調達に成功する。同社のビジョンを信頼し、その価値観を支持する投資家たちから資金援助を受けたのである。

「**自分自身の基本的な価値観をはっきりと認識することが、本当に大切だ**と思います。それと同時に、テクノロジーのあらゆる使用事例について一般市民を教育することも、わたしたちリーダーの責任です。それを、わたしの好きな言い方で説明するとこうなります。『科学技術はニュートラルなもの、ですよね？　人間の歴史のなかで生まれたどんな技術もニュートラルなものです。問題は、わたしたちがその技術をどんなふうに使おうと決めるかなんです』」

ホフマンの分析

必要以上の資金調達を——
ただし、誰からでも良いわけではない

私は「ブリッツスケーリング」＝「超高速の成長」を好む。ビジネスアイデアの実現に爆発的な勢いを与える、実証済みの方法だからだ。急成長を追求することが、不確実性に直面したときでさえも、画期的なテクノロジー企業の構

築を可能にする方法であると私は信じている。

いわゆる「ウィナー・テイク・モスト市場（ひとつの企業が大半のシェアを占有し、残りを他の1社または数社が占有する市場）」で勝利しようとするなら、そのための正しい戦略は、まず決定的なスケールに到達し、その後の競合において他のどのライバルもほとんど追いつけないほど、長期にわたって優位に立つことだ。

もちろんブリッツスケールするには、軍資金が必要である。しかも、競争相手に先んじるための素早い調達が。スピードの重要性が、私がほとんどいつも起業家たちに「資金を調達せよ——自分が必要と思っている以上の資金を調達せよ」と勧めている理由である。

ブリッツスケーリングに誰もが賛同しているわけではないということは、私にもわかっている。効率よりスピードを優先するのはリスクが高いように思える——そして実際にそうなのだ！　しかしながら、慎重過ぎて判断を誤る場合が多いのも事実である。

どれくらいの資金を調達して使うかについて保守的であっても、それでリスクを抑えることにはならない。もしかすると、できるだけ効率よく資金を使うことが何よりも自分の投資家たちのためになると思っているかもしれないが、実際はそうではない。

確実に成功する企業を創出することによって、投資家たちに報いることができるのだ。

そしてその実現が困難になるのは、ライバルがあなた以上に資金を使った場合である。

自力で事業を起こすことを好むスタートアップもあり、なかにはメールマガジン配信のプラットフォーム、メールチンプ（Mailchimp）のように成功した例もある。それでも私は、メールチンプのような優良スタートアップでさえ、もし投資を受けていればもっと急速に成長できただろうと思っている。創業時に外部からの資金調達に抵抗があったとしても、その後しばらく経ってから調達することもできただろう。

ちなみにベンチャーキャピタル用語では、こうした資金調達ラウンドをシリーズB、シリーズC、シリーズDと呼んでいる。より高レベルの資金をすでに成功を収めたビジネスに投入すれば、そのスタートアップはひとつの市場を支配するだけでなく、その他の市場へも事業を拡大できるようになるだろう。

メールチンプは、幸運と粘り強さとスキルという奇跡的な組み合わせによって、「メルマガ配信」という市場を手中に収めた。しかしながら、もし彼らが適切なベンチャー投資パートナーを見つけていたら、もっと早く成長を成し遂げ、はるかに急速にスケールアップしていただろうと私は確信している。

私が「適切なパートナー」と強調したのは、方程式の重要な部分だからだ。ただし、適切なパートナーは常にたやすく得られるものではない。

起業家たちにアドバイスをするとき、私が必ず話すのは、**ベンチャーキャピタリストの多く（4分の3程度）はマイナスの価値観と資金を提供し、それよりはるかに少ない割合はニュートラルであり、プラスの価値観と資金を提供するのはわずか10％くらいだ**ということだ。

とりあえず運転資金が必要というときでも、ベンチャー投資パートナーを選ぶには細心の注意を払うべきだ。投資家は、後期段階の金銭面での共同創業者――戦略パートナー&金融パートナー――になるのだから。

もちろん、あなたが創業者であり、CEOであり、ビジネスを運営していることに変わりはない。それでも、創業者と投資家との関係性は、ある種のパートナーシップであるべきだ。そして、会社のことを理解していないパートナーは、障害物のひとつになってしまう。だから、**自社のプロダクトとワークスタイルに適した投資家を見つける必要があるの**だ。

この観点からも私はよく、投資を受けようとしている創業者に、一定の時間をかけてできるだけ多くの投資家を獲得するようにアドバイスしている。

ホフマンの理論

成長を止めるな

■ゆったりと構えつつ、身を乗り出す

あなたが起業家としての旅に出発するとき、周囲の状況が刻一刻と変化していることを認識しなければならない。もし遠くまで行きたいなら、戦略的に忍耐強く待たねばならないときもある。だからといって、何もせずただゆったりと構えておけばいいということではない。身を乗り出して注意深く周囲を見回し、そこから抜け出す瞬間がきたらすぐに動き出さなければならないのだ。

■素早く始めよう。しかしあなた自身が燃え尽きてはならない

爆発的な速度のスタートが機能するのは、そのときの勢いを維持できる場合のみである。重要なのは、最初のステップでどれくらいの爆発を――燃え尽きることなく――起こすことができるかを見極めることだ。スタートアップとは、短距離走のマラソンのよ

うなものである。

■**決断、決断、決断**

迅速に決断を下すことが、爆発的な成長の鍵である。素早く動けば、間違いを犯すこともあるだろう。しかし最大の間違いは、さっさと決断を下さないことである。なぜなら、タイミング以外に重要なものはないからだ。

■**火事は放置していい**

高速で拡大している会社は、何よりも前進することに重点を置かなければならない。火事を消すことに多くの時間を費やしていては難しい。なかには無視できない深刻な火事もあるだろうが、その他の火事は燃えるままにしておくほうがいい。

■**資金はいくら調達しても十分ではない**

まったく予期していないときに好機が訪れることもある。それを逃さずに新たな方向へ進むには、常に必要な資金を持っていなければならない。プランBを十分に支えるだけの資金を確実に残しておくこと、さらに、必要に応じて実験的な取り組みができるように費用を残しておくことが肝要だ。

■投資パートナー選びは慎重に

投資家は後期段階の共同創業者として見るほうがいい――その会社のことを理解し、創業者の考え方を理解しているパートナーとして。

第6章

これまでの知識を捨て去る

「経験」を捨て去る覚悟があるか

すべては一足の手作りシューズから始まった。

オレゴン大学に在学中、フィル・ナイトは陸上競技のランナーだった。彼を指導していたのは、殿堂入りコーチ、ビル・バウワーマンである。そしてビルとともに走るということは、とりもなおさず、彼が手縫いした継ぎはぎだらけのスニーカーを実地テストすることだった。「彼はいつだってシューズの実験をしていた」とフィルは回想する。「もっと軽いシューズを手に入れることが重要だ、と彼は思っていたんだ」

「ランナーたちは誰でも――アディダスかプーマのシューズを履いていた。だから、あのときはまさに目からウロコだったよ。オーティス・デービスが、パシフィック・コースト・カンファレンス選手権の400メートル競技で優勝したときだ。バウワーマンの手作りシューズを履いてね」

フィルは、この手作りの軽量シューズが勝利の原動力だったことに衝撃を受けた。さらに、アマチュア選手に与えた影響力の大きさにも同じくらいの衝撃を受けた。誰もがそのシューズを欲しがった。「あれがアイデアの種だった」

1964年、ビルとフィルはそれぞれ500ドル(約65000円)ずつ出資してナイキ(Nike)の前身であるブルーリボンスポーツを共同創業する。2人の焦点は、ただひとつ、超高性能スニーカーをつくることだった。

ブランド戦略? 広告? そういうものはいっさい気にもかけなかった。

彼らにとって勝利の方程式は、圧倒的なパフォーマンスを生み出すスニーカーの製造であり、その他のことは後からついてくるということだった。

そして実際にそうなった。

スティーブ・プリフォンテーンや他の精鋭ランナーから支持されたおかげで、ナイキの――スタイルではなく、スピードにこだわった――軽量シューズは、全国の陸上コーチとジョギング愛好家たちの間で一躍人気の的になる。

「シューズの外見は、それほど重視していなかった」とフィルは言う。「僕たちはこう言っていたんだ。『性能が良く、素晴らしいアスリートが履けば、必ずシューズは売れる』」

そして、その通りになった……あるときまでは。

われわれが知っている現在のナイキ――カルチャーとスタイルを牽引するナイキ――が存

在するのは、ある時点で同社がその足場を失ったからである。

高性能スポーツ用品のブームは、別のブームによって、すなわちファッション性の高いスポーツ用品に対する熱狂的ブームによって覆される。ナイキは、このレースで敗北を喫した。——それも大差で。

「80年代に入ると、僕たちは完膚なきまでに打ちのめされた。新しくできたばかりの、リーボックにね」とフィルが言うように。

リーボックのベルクロファスナーつきのハイトップ・シューズは、当時大流行し始めたエクササイズ、エアロビクスのために開発された。そしてビジネススーツに身を包んだスタイリッシュな女性たちが、このエアロビクス・シューズを履いて徒歩で通勤し始めると、たちまち、スポーツ用シューズは街中のファッションの一部になったのである。

フィルは、20年の歳月をかけて支配的なビジネスを築き上げてきた——デザインとテストを繰り返しながら、アスリートたちに高性能スポーツ用品を提供するという方法によって。しかし、ゲームのやり方は変わった。

とりわけ悲惨な4半期売り上げ報告を目にした後、「やっぱり広告を出してみたほうがいいのかもしれない」となり、とあるオフィスに僕たちは足を踏み入れた。「オフィスにはカードテーブルがひとつだけあって、その周りに4人の男が座っていた。代表者2人の名前は、デビッド・ケネディとダン・ワイデンだった」とフィルは回想する。

もちろん、この両名はワイデンアンドケネディ（Wieden＋Kennedy）の創業者だ。このとき以来、彼らは広告業界で伝説のクリエイターと称されるようになり、今では世界中に数千のオフィスとスタッフを擁する大企業の経営者となっている。しかし当時はまだ、ハングリー精神が旺盛な小さい広告会社の代表に過ぎなかった。そして彼らは、フィルと同様、相手に対して挑戦的な態度を隠そうともしなかったという。

「ダンのオフィスに一歩入ったとたん、挨拶代わりに僕は『まず、みなさんに知っておいていただきたいんですが、私は広告が大嫌いなんですよ』と言ってやった。するとダンのやつ、こう言ったんだよ。『ほう、それはおもしろい始め方ですね』」

というわけで、彼らは第一原理から開始した。

ワイデンアンドケネディ側のアプローチは、「クライアントを知り、プロダクトを知る必要がある。クライアントがどういう人物で、どういう会社なのかを知る必要がある。そして僕らは、クライアントとプロダクトの本質を表現しなければならない」というものだった。こうした相互理解のプロセスを通して、彼らは気づく。

「フィルが嫌悪しているのは広告ではなく、退屈な広告だ」

そしてワイデンアンドケネディとの仕事を通して、フィルはナイキにとって重要な事柄は——自社の、けんか早い負け犬のようなスピリットが、自社と提携しているアスリートたちの高潔な魂につながり、**自社の品質への徹底したこだわりが、製品ラインだけではなくブランドまでも創出できる**ということを理解するに至ったという。

結局のところ、このブランドがあったからこそ、売り上げが3倍ないし4倍にまで伸びたのだと彼は確信している。

あのカードテーブルひとつだけの小さなオフィスに足を踏み入れたとき、フィルは自身のコンフォートゾーンから一歩脱出しながらも、「ナイキとは何か」という核心にフォーカスする姿勢は変えなかった。

ナイキのアグレッシブな態度をもとに、ワイデンアンドケネディはその最初にして今なお伝説として語り継がれる広告キャンペーン「レボリューション」を展開する。ビートルズの同名楽曲がバックに流れ、時代を象徴するアスリートたちの姿と、単純で覚えやすいスローガン、そして実にスタイリッシュなシューズをフィーチャーした映像だった。

もちろん、この後に「Just Do It.」という文化を形成・象徴するスローガンのCMキャンペーンが続いた。

そして、ナイキはデザイン戦略も強化する。フィルにとって新たな領域であった。デザイナーのマーク・パーカーが、このますます重要度の高まる役割を担い――彼は、のちにCEOに就任する――さまざまなタイプのシューズを次々に発表した。ここには、クロストレーニング用シューズという今までになかったカテゴリー、1982年のエアフォース・ワン、85年のエア・ジョーダンなども含まれる。

ちなみに、このエア・ジョーダンをデザイン基盤としたシリーズは、現在も開発・販売されている。「あの数年間でナイキはブランドになった。そしてブランドになったことで、僕たちは独自の道を切り拓けるようになったんだ」とフィルは言う。

彼は、自ら20有余年にわたって苦労して得た専門知識を脇に置いて、ナイキをシューズ会社からブランドへと方向転換させた。シューズの市場が1980年代初めに変革期を迎えることも、もし彼自身とナイキがそれに適応できなければ会社は生き残れないことも見通していたからだ。これは、急速に成長する斬新な組織のリーダーなら誰もが――ほとんどの場合、何度も――直面する変化である。

ただ仕事のコツを身につけるだけでは足りないのだ。**組織を真にスケールアップするには、習得した知識を捨て去ることも学ばなければならない。**

しかしこれは簡単なことではない。人間というものは過去に成功した戦略にしがみつく傾向があるからだ――その戦略が今もまだ機能するかどうかに関係なく。

だから、自分が前回開発したプロダクト、前回やった仕事、または前年の業績から物事を判断するのではなく、むしろそうした思い込みには絶えず疑いを持ち、また多くの場合、あえて振り払う必要さえある。

急成長する組織や業界にぴたりと当てはまる、古い格言を紹介しよう。

「あなたがここまでたどり着いた方法では、ここから先へは進めない」

これまで培ってきた知識を捨て去ることも厭わない姿勢は、スケールに不可欠な隠れたマインドセットなのだ。

危険をかえりみず未知の領域に踏み込む

ハリウッドには、こういう昔話がある。野心を抱くひとりの少年が、あるときメッセンジャーボーイの仕事にありつく。少年はせっせと働き、廊下ですれ違う人々に必ず声をかけて顔を売り、駆けずり回っていた。すると、ある日ついに大物の目に留まり、少年は出世し始める……。

しかしバリー・ディラーの場合、トントン拍子に事は進まなかった――少年と同様、彼も最初はメッセンジャーボーイだったのだが。

彼がアメリカの大手芸能事務所ウィリアム・モリス・エージェンシーのメッセンジャーボーイとして働いていた頃、同僚たちは皆、「エージェントたちに取り入ろうと躍起になっていた」が、バリー自身はひとりでファイル保管室に忍び込んでは資料を読みあさっていたという。保管室のファイルキャビネットには、エンターテインメント業界の歴史がまるごと収められていた。

「そんなわけで」とバリーは言う。「3年かけて業界関連の資料をつぶさに読みました。あそこは、言ってみれば学校でしたね」

最終的にこの学び舎《や》から出てきたとき、バリーには自身が得た知識を応用する準備も、そしてエージェンシーから次の場所へ向かう準備もできていた。そして、ある友人がバリーを米ABC放送の新進気鋭の重役に紹介すると、その重役がアシスタントとして彼を迎えようと申し出た。彼としてはコピーを取ったり電話に出たりする仕事にさほど興味はなかったが、オファーを受けることにした。

その理由は、彼日く「どんなものに興味があるにしろ、とにかく一番広い道を進めって言うじゃないですか。なにしろ、テレビは相当広い道でしたから」

この放送ネットワークは悪戦苦闘していた。そしてそのことが、バリーにとっては好都合だった。「ABCは3番手のネットワークだった。一か八か何でもやってみる場所だったんですよ」とバリーは回想する。「もっと言えば、駄菓子屋のようなところというか。責任が欲しけりゃ、ただつかんでしまえば良かったんです」

バリーはビッグアイデアをものにするチャンスを逃さなかった。

「当時のテレビはどれもこれもシリーズものでした。コメディだろうがドラマだろうが」とバリーは言う。「しかも、どの話も延々と現在進行中で、あの頃ときたら、7年経っても主人公は同じアパートに住んでいて、一度も引っ越さず、話はいつだって途中経過だけ。始まりも終わりもなかったんですよ。それで思ったんです。起承転結のある物語をテレビでやったらいいんじゃないかって――映画みたいに」

そこで、バリーは当時としては急進的なアイデアの『ムービー・オブ・ザ・ウィーク』――テレビ放送のためにつくられた映画――を提案する。が、同僚たちは尻込みした。「とにかく、そんなものはテレビじゃない」だの「それは、われわれの本分ではない」だのと反対派は言った。しかし、ファイル保管室で、エンターテインメントの75年にわたる歴史を学んだバリーは、前例があることを知っていた――数十年前に制作された、映画に似た手法で語られたストーリーがあることを。

最終的に、バリーは説得に成功する。あるいは別の言い方をすれば、ABCの重役連はバリーが自滅するのを見届けることにした。

「うまくいくと思ったら、23歳の若造に任せたりするわけないでしょ?」と彼は言う。「局の連中はみんな、あの企画は失敗すると踏んでいましたね。それに乗じて、この威勢だけはいいド素人を追っ払うつもりだったんですよ」

こうして「テレビ映画」は誕生し、その後のテレビ放送の定番になっていく。

その人気と作品の文化的価値が高まるなか、エミー賞に「テレビ映画」という新部門さえ加わった。ABC制作の印象的な映画のなかには、若きスティーブン・スピルバーグが監督した『激突!』や、涙を誘う名作『ブライアンズ・ソング』などもある。

しかし、バリーは間もなく自分のやり方に限界があることに気づく。長編小説をテレビ映画化しようとすると、どうしても作品の良さを十分に表現することができなかったのだ。

「2時間枠でも厳しいんだから、90分枠なんてなおのこと無理です。あんまり話を詰め込んだら、味わいも何もない作品になりますしね」

というわけで、バリーは創造性に富む解決策を見出す。新しい手法を考え出したのだ。

当時、彼自身が「テレビ小説」と呼び、現在では「ミニシリーズ」と呼ばれるものである。

こうして、1回あたり2時間ほどの物語を8夜か10夜にわたって連続放送するという番組形態をとることで、1夜では収まりきらないほどの壮大な物語を余すところなく展開することができた。このミニシリーズによって、ABCは毎夜多くの視聴者を引きつけ、次々に大ヒット作を飛ばしていった。

代表作としては、『将軍SHOGUN』『Rich Man, Poor Man』、そして全米で記録的な高視聴率を叩き出した、黒人奴隷にまつわる全8回の物語『ルーツ』などが挙げられる。

バリーのABCでの業績には、シリコンバレーでもっとも成功したスタートアップとよく似たところがある。テレビ向けの映画を制作するという彼のアイデアは、既成概念に反するものだった。そして周囲の誰もが、惨憺《さんたん》たる結果になることを予想した。しかし彼の読みは正しかった。彼には、他の人々には見えないものが見えたのだ。

彼らがそれを見逃したのは、自分たちの知識を捨て去ろうという気がなかったからだ。

しかし、バリーにとって知識を捨てるのはたやすいことだった。彼としては、テレビの放送形態を——二度——改革したにすぎない。

そして、もう一度改革しようと考える。

バリーはハリウッドのパラマウント（Paramount）で、10年間にわたり数々の大ヒット映画作品——『がんばれ！　ベアーズ』『サタデー・ナイト・フィーバー』『グリース』『レイダース失われたアーク』『フラッシュダンス』『フットルース』『大逆転』『トップガン』――の制作にゴーサインを出し続けた末に、新たな挑戦をしたくてじっとしていられなくなり、古巣のテレビ界に舞い戻った。

さて、1988年になった。ふと我に返ると、バリーは試写室にいて、先鋭的なシットコム（シチュエーションコメディの略）の新作をプレゼンしている最中だ――仏頂面の重役たちに向かって。

「ひとかたまりの集団と一緒に、何かを観ているとき」とバリーは言う。「製作のプロセスに自分たちも関わりがあって、実際に出来上がったのを観るのがそのとき初めてだったら、普通はよく笑うものです」

だが、ただのひとりも――バリー以外は――笑わなかった。

バリーはすでに、この番組の13回分のエピソード制作を発注していた。そして今、「とんでもない駄作をつかまされた」という反応が、居合わせた全員から――はっきりと突きつけられた。

「うちで放送するのは無理だ」から「こいつから手を引く方法はないだろうか？」まで、さまざまなコメントとともに。

このとき、バリーは創設されたばかりのフォックス放送（Fox Television Network）――3

大ネットワークによる長期支配が続いていた業界に、新規参入した「第4のネットワーク」――のCEOに就任していた。彼の新興ネットワークに何らかの成算があるとすれば、それは視聴者に違いの際立つ選択肢を提供することだとバリーは知っていた。そして彼が思いついたのは、掟破りのゴールデンタイム番組編成。彼がプレゼンしたのは、従来のテレビ局が放映していたシットコムとは似ても似つかない番組、実を言えば、アニメだった。

バリー・ディラーが選んだ「とんでもない駄作」は、テレビ史上もっとも成功したシリーズとなる『ザ・シンプソンズ』だ。最近こそ、大人を主題とするテレビアニメも普通になっているが、当時はこれに多少とも近いと思えるようなアニメはひとつもなかった。このことが、彼の心を射止めた魅力だったという。

「生まれてこのかた、僕の興味を掻き立てるのは唯一、今まで誰もしなかったことだ」

バリーが『ザ・シンプソンズ』に惹かれたのは、単にこのアニメで競合他社と一線を画すことができると考えたからではなく、むしろ、新分野を切り拓くプロジェクトに自分自身の気持ちが弾むからだった。**自身を未知の領域に放り込めば、否応《いやおう》なく学び、適応し、試行錯誤しなければならなくなる。**

「僕はかなり早くから学んだんですよ」と彼は言う。「**何も知らないときが、一番いい仕事ができる**ものだって」

ホフマンの提起した「自分自身を永遠のベータ版（未完成品）と見なす」というコンセプトを、バリーほど体現している人はいないかもしれない。

すべてのことに新たな考え方をもってアプローチせよ。新たな挑戦、新たな学びの機会を求め続けよ。決して「この新しいゲームはもう知っている」などと思ってはならない。

遠大なビジョンのなかで

マイクロソフト（Microsoft）創業後の数年間、ビル・ゲイツは何事も自分で解決できると確信していた。「ひとつ問題が起きると、僕はそれにのめり込んでいった」――それがエンジニアリング関連の問題だろうと、人的資源や営業の問題だろうと。

「IQなんてどれも代替可能だと思っていたんだ。それで、ことの是非はともかく、僕自身はどんな分野でも独学でやっていけると考えていた」

ビルは常に自分自身を、いくつもの領域を容易に動き回ることができる無限の探究者と見なしている。そして何年もの間、それでうまくいっていた。ソフトウェア開発から、エンジニアリング、大規模事業の経営に至るまで、新たな挑戦にことごとく成功したのだ。

しかし、2000年にCEOを後任に譲り、ビル&メリンダ・ゲイツ財団(Bill & Melinda Gates Foundation)を創設したとき、彼は予期していなかった困難に直面する。

妻のメリンダとともに読んだ衝撃的な記事——予防可能な病気で何百万人もの子どもたちが死亡しているという特集記事——に触発され、ビルはそのような病気の根絶を財団の最重要任務にしようと決断した。

「そこに、僕らが乗り込んで解決しよう。そんなふうに思ったんだ」とビルは回想する。それは傲慢ではなく、むしろビルの楽天的な性格によるものだった。つまり彼が——十分な資金さえあれば——テクノロジーに克服できない問題などないと信じていた証しである。

科学は多くの疾病の治療や予防に関して目覚ましい進歩を遂げてきた。そして今が、その進歩した技術をもっとも苦しんでいる人々にまで広げるべきだと考えることができる立場にいたのだ。

「オーケー、これなら僕の強みを生かせるぞ。さっそくチームをつくって取りかかろう」

多くの起業家の例にもれず、ビルにも性急に行動を起こす傾向があった。しかし間もなく、彼は行動する前に学ぶべきことがたくさんあることに気づく——関連する科学、政府の役割、国ごとに異なる文化的な特徴、さらには、実際に物資を配給する方法について。

「科学的な飛躍——新しいワクチンや画期的な薬品の開発——が、僕たちの唯一の課題だと思っていた」とビルは言う。「でも悲しいことに、国々の配給メカニズム――基本的な医療システム――は、ものすごく貧弱だったんだ」

これは、**配給のような日常の些末《さまつ》な事柄にフォーカスしなければ、壮大なイノベーションも意味を成さない**という厳しい教訓だった。

「正直に認めるよ。たしかに僕は1年かそこら『まいったなあ、他に誰か、この配給の問題を解決しようとする者はいないのか？』と思っていた」と彼は言う。

「そうして最終的に確信したんだ。いや、他に解決してくれる人などいない、と。それに、実際に配給できない新ワクチンの開発を続けるのは、あまりにも割に合わないとも思った」

この学習曲線は、ビルにとっても財団にとっても急勾配だった。

「貧困にあえぐ国々でどう活動するか、そして、どうやって物資を適切に配るのかを見極めることは、マイクロソフトの専門領域ではなかった。賢いエンジニアを雇うことなら、お手のものだけれど」

さらにビルは、医薬品業界のプロダクトや業績についても集中的に学習しなければならなかった。「誰が一番いい仕事をしているかを僕は突き止めようとした。製品デザインという点でも、よその薬剤会社から最高の人材を引っ張ってくるという点でもね。なぜかと言うと、事実上、財団はひとつの薬剤会社になって、どこよりも優れたプロダクトを実際に開発しなければならなかったからだ」

そして彼は既存モデルの研究もしなければならなかった——どの国が良い疾病対策をどういう方法で実施しているのかを知るために。「コスタリカやスリランカのような歴史的事例モデルと、アフリカの数カ国を含む現在の事例モデルとの調査に思い切り没頭した」と彼は言う。


すべての難題のなかで、ビルが呼ぶところの「配給問題」がおそらくもっとも厄介だったという。なぜ、ワクチンや治療薬が一部の地域では効率よく配られ、他の地域では配られなかったのだろう？

それは詰まるところ、政府に起因しているということだ。「裕福な国の政府は、現在の中所得国の政府も含めて、かなり立派な基盤整備を促進している」と彼は言う。「僕たちは、水道や電気のシステムも、教育や司法のシステムもすべて整備されて、きちんと機能しているのが当たり前だと思いがちだ。でも、極めて貧困な国々では給与が支払われないことも多く、国民の生命を守るためのワクチンにさえ、国家予算が計上されない場合もある。ときには国の財源が盗まれることすらある。政府というものが、あそこまで劣悪になれるものかと驚愕したよ」

この大きな問題に対処するために、ビルは政府と協力する方法を学ぶ――あるいは、むしろ**自分の知識を捨てる**――必要があった。なにしろ、彼がマイクロソフト社の経営に携わっていた間は、政府とは同盟関係というより敵対関係にあったのだから。

しかし今、ビルにはわかった。何がどうあろうと、人の命を救うために開発した薬品がきちんと配られるようにしなければならない。最終的に、「僕たちは各国政府に働きかけるべきだと判断した。それが唯一の長期的な解決策だから」。

多様な政府にそれぞれ働きかけて対策を講じさせるには、「巨大な学習曲線を描いていく必要があった」という。どの国も異なる問題を抱え、また、その解決策に対する態度も国によってまちまちだった。なかには援助を喜んで受け入れる国もある。たとえば、エチオピアの首相は自国の医療サービスを改善したいと願っていた。「それで、国内の医療システムを築いて、さらに農業システムも改善するために、エチオピア政府と僕たちは連携することになったんだ」と言う。「これが財団にとって、良い活動モデルになったよ」

しかし、ナイジェリアではまったく違う展開になった。この国はかつて、世界中の小児麻痺の発症事例の半数を占めていた。その主な原因は、ワクチンが確実に配給されなかったことにあり、とりわけ北方の紛争地域ではほとんど配給されなかったという。こうしたことから、財団はナイジェリア政府との関わりを回避して、代わりに20万人のボランティアを支援することにした。
そして彼らの協力によって、4500万人の子どもたちが無事に予防接種を受けた。これが発症率を大きく低下させ、ここ3年の間、ナイジェリアでは小児麻痺にかかった事例は一件も記録されていない。しかし今後も必要な人々にワクチンを確実に届けるには、こうした連携を維持していくたゆまぬ努力が不可欠である。

それでも、**厳しい試練を乗り越えると、その努力が長期にわたって報われることもある。**

「ワクチン開発の新しい方法を僕たちに与えてくれる生物科学だ。これが、とてつもなく進歩したんだ」とビルは言う。「もちろん、HIV（エイズ）ワクチンやTB（結核）ワクチンのように、まだ起きていない奇跡もあるけれど、今後10年のうちに、そういうワクチンも開発されるだろう。だから、現在だけではなく将来のためにも、医薬品の配給システムを整備しておくのは大いに意味があることなんだ」

ビルには長い見通しがある。これから先も、世界のさまざまな地域に適切な配給システムと協力関係を樹立するには途方もない時間がかかることを承知しているのだ。しかし、これまでの活動が、彼のビジョンは単なる野望ではないことを裏付けている。過去20年の間に、子どもの死亡率は50％も低下し、年間死亡者数は1000万人から500万人近くまで減少した。5歳になる前に、完全に予防可能な疾病で死亡していたであろう450万人の子どもが、この財団の努力の結果、生きているのだ。

これは、人間的な仕事として最高位にランクされる偉業である。

ホフマンの分析

「知ったかぶり」ではなく「好学の士」であれ

私たちが本書のタイトル（および、もとになったポッドキャスト）に『マスター・オブ・スケール』を選んだのは、時代を象徴するビジネスリーダーたちや起業家たちに敬意を表してのことだった。しかしこの命名は、誤解を招いてしまうかもしれない。「マスター（master）」には人がひとつの頂点に達するという意味があり、言い換えれば、これ以上ないほどの優れた手腕を持つに至るということだ。しかし現実的に言って、私たちの誰ひとりとして実際に「マスター」の域まで能力を伸ばすことはできない。私たちは皆、常に学び続けているのだ。またはは、そうあるべきなのだ。**私たちは、あくまでも「永**

遠のベータ版（未完成品）」なのである。

「成功は失敗よりも強い印象を残す」と考える人は多いだろう。成功したら、うまくいった何かを自分が学んでいたことに誇りと心地良さを感じるということだ。

その後、こう思い込む。「私が学んだこの事柄、このツールは、これから先も効果を発揮し続けるだろう。とにかくこれをずっと応用していけばいい」

この思い込みによって、延々と同じことをくり返すようになる――自分が乗っている電車がどこかで脱線するとしても。

なぜなら、**同じツール、同じ知識、同じ戦法が延々と機能し続けることはない――解決しようとしている問題が変化し、市場が変化し、ライバルが変化し、業界が変化し、そして自分自身も変化していく**からだ。

こういうわけで、起業家は事あるごとに思い巡らさなければならない。「古い教訓のうち、いったいどれを捨て去るべきなのだろう？　どの知識を捨てたり、新しく学び直したりする必要があるのだろう？」と。

知識を捨てるとは、真実であると思っていたことを手放すことだ。過去の自分に成功をもたらした知識や専門技術を自ら放棄するのは、かなり困難なことだとしても。

たとえば、私が新たに消費者向けインターネット企業を起ち上げるとしよう。もしそれをリンクトイン創業時（２００２年）とまったく同じ方法でやろうとしたら、失敗するのは目に見えている。その頃とは、モバイル通信技術も、バイラリティ（SNSや口コミなどで人気が拡散すること）も、求人の仕組みも違う。何より人々が使っているプラットフォームが違う。すべて違うからだ。

そしてこれは、あなたの次なるベンチャービジネスにも当てはまる。どういう業種のビジネスだろうと。**もし成功したいなら、以前とは違う作戦でいかなければならない。**

基本的に、こう考えるべきだ。

「次のゲームに応用できるのはほんの一部にすぎないな」

あらゆる起業家への私からのアドバイスは、学び続けるというマインドセットを持つことだ。勝利につながる戦略を編み出す前に、ゲームの新しいルールを見極めなければならない。

「知ったかぶり」ではなく「好学の士」であってほしい。

実験と学びの相乗効果

シリコンバレーで実験のチャンピオンと称される起業家のひとりは、マーク・ザッカーバーグだろう。彼が以前よく唱えていた「素早く動いて破壊せよ」という言葉は、フェイスブック（Facebook）成功の礎であった。そして現在も、この企業は実験を続けている。

ただし、同社のモットーは今では「**安定したインフラとともに素早く行動せよ**」となっている。マーク自身はこう語る。「フェイスブックの作動バージョンはひとつではない。おそらく1万バージョンはあるだろう。だから基本的に、どのエンジニアも何かテストしようと思ったらすぐに実行できるんだ」

これはつまり、エンジニアは実験的にカスタマイズしたフェイスブックのバージョンを――全コミュニティに、ではないにしても――たぶん1万人か、あるいはテストに必要な数のユーザーに向けて始動できるということだ。しかも、エンジニアはほぼ同時にテスト結果を読み出すことができる。

「どんなふうに人々はこのバージョンとつながっている？」

「その人たちは何をどんなふうにシェアしている？」

これらのデータを携え、「そのエンジニアはマネージャーのところにやってきて、こう言うわけだ。『こんなふうにつくってみました。データもこの通りそろっています。この方向でさらに探っていきます』と。自分のアイデアの良し悪しをマネージャーといちいち議論しなくてもいいんだよ。証拠を手に入れているわけだから」とマークは言う。

もし実験が良い結果を出さなくても、そこから貴重な情報を得ることができる。つまり、開発者にとって「長年かけて自分が学んだことをまとめた、いわば参照文献」の一部になるというわけだ。

「検証による学び」のアプローチは、すべての企業やプロダクトに適しているわけではない。場合によっては、プロダクトの未完成バージョンをリリースするのは命取りになることもある。また、起業家のなかには、不完全な商品を世に出すというアイデアに対して単純に違和感を抱く者もいる。

たとえば、スパンクス（Spanx）のサラ・ブレイクリーは、**顧客に良い第一印象を与えられるかどうかは「一発勝負で決まる」**と信じている。――だから、その一発を標準レベル以下の商品バージョンで無駄にしないほうがいい、と思うだろう。

たしかに、多数のチャンスがあるインターネット経由の商法とは違って、小売店を通して販売する商品については、良い印象を与えるチャンスは一度しかない。

われわれの多くが、未完成という概念に惑わされている。しかし起業家になるには、過去に学校で学んだ教えを捨て去ることも必要だ。

ヒントウォーター（Hint Water）の創業者、カーラ・ゴールディンが、自ら開発したフルーツ風味のミネラルウォーターに砂糖も保存料もいっさい加えないという大胆な決断を下したとき、そのドリンクの消費期限が短くなってしまうのはわかっていた。それでも彼女は、人々がフルーツ風味のミネラルウォーターを好むかどうか調査したかったので――消費期限を延ばせる天然成分を探しながらも――未完成バージョンのヒントウォーター販売に踏み切った。

もちろん、いい加減につくった欠陥商品をリリースすべきだと言っているのではない。

「わたしは起業家たちにこう話しています。『もしあなたのプロダクトが完璧じゃないにしても、かなり良いものができたと自分で思えて、そして、それがどういうふうに受け入れられるか見てみたいと思うなら、どこか店に置いてみるべきです』」とカーラは言う。

「まずは、**とにかく世間の目にさらしてみる。その後いつでも改良できる**のですから」

ホフマンの分析

1

不完全を恐れず、フィードバック・ループをつくる

できるだけ早く——基本的に、必要最低限の機能を備えたバージョンが出来上がった瞬間に——リアルな製品をリアルな顧客でテストする必要がある。

しかし大至急リリースすると言っても、それはスピードを追求するからではない。顧客からデータを受け取るのが目的だ——そのデータを使って改良を加えるのに十分な時間があるうちに。

そのうえでつくり直し、またテストして、その後も**絶えず改良していけるようにフィードバック・ループを創出する**。そして、おそらく改良は二度や三度ではすまないだろう。

ソフトウェア開発における不完全を恐れてはならない。それによって会社の成功が左右されることはないからだ。成否の鍵を握るのは、むしろスピードである。

実際、ユーザーから愛されるプロダクトをどれだけ素早くつくれるかが問題なのだ。だから、あえて完璧ではないものでも世に出せるようにならなければならない。

しかし、ここ何年かのうちに私の理論を、まるで「手抜きをすること」「無謀な行動に出ること」「明確なプランなしで突き進むこと」などへの許可証かのように解釈する人たちが出てきた。しかし注意してほしい。そのプロダクトのせいで、裁判沙汰になったり、ユーザーが遠ざかったり、または、資金不足に陥ったりしたら、それは十中八九、あまりにも早く発売や公開をしたということになる。

スケールアップを目指す実験には、リスクがつきものだということは疑いようのない事実である。だが同時に、実験を通して新たに学び改良する貴重な機会を得られることもまた事実である。

だから、**作品は早く見せるにかぎる――それも頻繁に。**そして何はともあれ、自宅の車庫に引きこもって独力でプロダクトを完成させようとはしないことだ。さもないと、時間を無駄にするだけではなく、またとないチャンスも逃してしまうことになるだろう。

足りない部分は読書で補強する

トビ・ルークが情熱を傾けていたことは、2つあった。スノーボードとプログラミングだ。そして彼はこの2つを合わせて、スノーボード用品オンライン通販店、スノーデビル（Snowdevil）を開設した。だがその後、予期せぬ事態が起きる。スノーボード用品より、彼が開発したeコマース・ソフトウェアの購入希望者の方が多かったのだ。

紆余曲折の末に、トビとその共同創業者は、目の前に現れた、より大きなビジネスチャンスを逃す手はないと決断した。そしてスポーツ用品業界から完全に離れて、まったく別業種のeコマースプラットフォーム、ショッピファイ（Shopify）を立ち上げた。

ところが、この新事業が成長し始めるなか、トビの共同創業者が戦線離脱。もともと自分が加わった事業とは違うというのが理由だった。

これからどうすればいいのか、トビにはわからなくなった。とにかく会社のビジネス面は、彼にとってわけのわからないブラック・ボックス、技術畑の彼からは遠くかけ離れた世界だったのだ。「僕にとって実業家はみんな、なんとなく怪しげな人たちでした」と彼は言う。「なんというか、実際にどんなことをやっているのかわからなかったんですよね。本当の意味でＩＴ業界を取り仕切っているのは、エンジニアたちのはず。少なくとも、そんなふうに当時の僕は考えていました」

結局、トビはその後の2年間を費やして、誕生して間もない自社のＣＥＯを探し回る。やがて、あるエンジェル投資家が彼を脇に呼び、「ショッピファイのことを、君と同じくらい真剣に考えている人なんか、きっと見つからないよ」と諭したという。

こういうわけで、エンジニアのトビは、ＣＥＯのトビになった。そして今、彼に必要なのはただひとつ、その仕事のやり方を学ぶことだった。

「とりあえず、何かを始めるときに僕がいつもすることから始めました」と彼は言う。「こんなのは自分にはサッパリわからないぞ。よし、まず本を読もう」彼が最初に読んだのは、アンドリュー・Ｓ・グローブ著の『ハイアウトプット マネジメント――人を育て、成果を最大にするマネジメント』だった。

「アンドリューは僕に、**ビジネスの構築は工学技術的なチャレンジと多くの点で似通っている**と教えてくれました。それで僕はずいぶんと希望が湧いてきましたね。僕の抱えていた問題をいったんバラバラに細かく分けて、それからひとつずつ取り組むことにしました。こういうのは、いつも僕がソフトウェアをデザインするときと同じやり方なんですよ」

このビジネスリーダー養成・短期集中コースは、エンジニアからCEOに転身した経営者たちにとっては、それほど珍しい学習法ではない。

ドロップボックス（Dropbox）の創業者であるドリュー・ヒューストンにも同じような経験がある。ドリューが21歳の頃、マサチューセッツ工科大学を卒業してオンラインSAT試験準備コースを発足したとき、自分こそ会社経営の基礎を学ぶために準備コースを受講すべきだと考えた。そして始めたのが、主に**読書による独学**だった。

ドリューは学んだ事柄を自身の企業経営に――会社も彼自身の経験もスケールするにしたがって、何度も立ち返りながら――応用していった。

「自分自身を体系的にトレーニングするのは、とても有効だと僕はいつも思っています」と彼は言う。ドリューは、プロダクトの開発と市場参入に関する知識は十分に得たという確信はあったが、それでも「営業やマーケティングや資金調達や人事管理については、何も知らなかったし、そういうことを学ぶ時間的な余裕はほとんどありません」

これは、どの創業者も身に覚えのある感覚だろう。だが、とにかくドリューは会社運営の方法を学ぶという困難な課題に挑んだ――ちょうど学生がSAT試験の直前に一夜漬けをするようにである。

「アマゾンに行って、たとえば、［営業、マーケティング戦略］というキーワードを入れて、それで出てきた評価の高い本を何冊か買うんですよ。あとは、どんどん読むだけです」

とりわけ**参考になりそうな本に出くわすと、まるで教科書のように余白にメモを書き込みながら内容を学び取っていた**。そして、この習慣はその後もずっと続いており、今では、社内の他のリーダーたちにも同じ方法で学習するように勧めている。ドリュー率いるチームは、4半期ごとのオフサイト幹部会議と、年に2回開かれる規模の大きなオフサイト会議に向けて、それぞれ1冊の指定図書を選んでいるという。

ビジネスを学び続けるために

ホフマンの理論

■「知ったかぶり」ではなく「好学の士」になる

まだ誰もやったことがない何かに挑むとき、自分が途方もなく無知であると感じることはよくあるものだ。そのような状況下で起業家が成功するには、学習曲線を急激に上昇するスピードが欠かせない。

■自分がすでに知っている事柄とは距離を置け

失敗したときより成功したときの印象が強く残りやすい。だから、確実にうまくいく方法を見つけたり、ある特定の分野で何らかの成果を出したことがわかったりすると、おのずとそのやり方や分野から離れようとしなくなる。しかし無限の探究者は、そこにじっと立ち止まっていたり、過去にうまくいったことばかりを繰り返していては、世界にとり残されてしまうことを知っている。

■**進行しながら英知を集める**

ビジネスリーダーや起業家は、よくジグザグの道を通って目的地にたどり着く。その道の途中で、彼らはあれこれと役に立つ知識や情報を取り込まなければならない。刻々と変化する世界をより深く理解するために。

■**よき指導者になるために自ら学ぶ**

新たに企業を興す方法を知っている起業家たちも、実は新会社を運営する方法については何も知らない場合がよくある。しかし、それを学ぶ方法はいくらでもある。本を読み、メンターに相談し、そして、(起業プロセスを一通りくぐり抜けたCEOたちに協力するなど)経験豊富な投資家とパートナーを組むことなどだ。

■**実験と学びの相乗効果を図る**

ユーザーや顧客が何を欲しがっているかについて、あなたが立てる仮説が100%正しいということはまずあり得ない。リアルなプロダクトをリアルな人々で可能なかぎり早くテストするのは、スケールできる製品やサービスを創出する最速の方法である。

第7章

ユーザーの行動に目を向けよ

「ユーザーの意見」は常に正しいか？

グーグル（Google）の草創期、そのホームページはいたってシンプルで、検索ボックスの他にはボタンが2つで、そのひとつには［I'm feeling lucky］と書かれてあるだけだった。当時人気を集めていたヤフー（Yahoo）のような、雑然としたポータルサイトとは完全に袂をわかつ様相だったのだ。検索結果のページも同じくらい逆張り的だった。広告もニュースの見出しもない。画面にあるのは検索結果のみ。

だが、果たして何個の結果があればいいのだろう？　そして、どういう表示の仕方がいいのだろう？

共同創業者のラリー・ペイジは、グーグルのデザインはあくまでも客観的なデータに基づいたものが望ましいと考えていた。そこで彼はエンジニアたちに、彼らが呼ぶところの「実験フレームワーク」を構築するように指示する。

グーグル検索チームの主要エンジニア、マリッサ・メイヤーは、実験にいち早く着手し、ユーザーがキーワードを入力した後に表示される、検索結果の理想的な件数を見極めようとした。

最初のステップとして、マリッサはユーザーを対象にアンケート調査を実施する。「1ページにつき、何個の検索結果が表示されるといいと思うか。20件？　それとも25件？」

答えは30件だった。

ユーザーからのフィードバックは明確で、一度に目に入る結果表示は多ければ多いほど良いと思っているようだ。

ところが、次のテストで実際にユーザーたちがどうするかを見ていると、予期せぬ事態が起きる。グーグルは、表示件数だけ異なる検索結果ページを数バージョン公開し、それらを使っているユーザーたちの動向を観察した。ユーザー1人が検索エンジンを何回利用するか、ユーザーたちは検索結果を何ページまで開いて見るか、そして、何人のユーザーが完全にこのサイト利用をストップするか——。

わかったこととは、実際は1ページ分の表示件数が少なければ少ないほど利用回数も利用者数も多いということだった。

検索結果のマジックナンバーは、1ページにつき10件。アンケート調査で示された30件とは大違いであった。

どういうわけで、ユーザーの認識と行動にこれだけ大きなギャップが生まれるのだろう？

答えは、1ページ当たりの情報が多くなると、払うべき代償も多くなるからということだった。代償とは、ユーザーにとって——たとえ当人は自覚していなくても——極めて重要な要素、すなわちスピードである。

1ページあたり30件の結果が表示されたら、その読み込みに要する時間は10件のページよりも長くなる。こうしたロード時間の違いは、ユーザーにはほとんど認識されないが、そのインパクトの大きさは否定しがたい。

「**人々にとって、時間というのは自分で認める以上にすごく重要なこと**なんですよ」とマリッサは言う。「最初の10件の情報でたいてい満足できるわけだし」

この発見はグーグルに強烈なインパクトを与えた。その後のグーグルのあり方を左右する、貴重な教訓がここから得られたのである。マリッサたちが身をもって知ったのは、1ページにつき何件の検索結果をユーザーは（実際に）求めているのかという具体的な問題や、表示スピードの重要性だけではなく、ユーザーからのフィードバックを真に理解するプロセスだった。アンケート調査は、対象者の気持ちを微妙なニュアンスを含めて理解するのに非常に有効である。けれども、**ユーザーが実際にどう行動するかを観察する必要がある**ということだ。

この章では、顧客との連携によるプロダクトの開発や企業の構築について掘り下げよう。顧客が何を求めているかを深く理解し、それに沿ってプロダクトの性能を微調整していくのだ。

多くの経営者は、ユーザーを理解するために、まずはアンケート調査を実施する。ユーザーを含むフォーカスグループ（市場調査のために抽出された消費者グループ）会議を開き、ユーザーからのレビューやSNS投稿や電子メールを読む。たしかに、これらの方法によって、企業とユーザーとの距離は縮むだろう。人々にとってそのプロダクトがどういう意味を持っているか理解できるうえに、ときにはビジネスを成長させるチャンスが見えてくることさえある。だが同時に、ユーザーの発する言葉に注意を向けることによって、進む方向を見失う場合もある。

検索結果の実験を通してマリッサが気づいたのは、多くの場合、顧客が求めていると答えたことと実際の彼らの行動とに極めて大きな相違があるというものだった。**ユーザーの言うことを字義通りに解釈して尊重しすぎると、痛い目に遭うかもしれない**ということだ。

新たな製品やサービスを世界に持ち込もうとする者にとって必要不可欠なスキルのひとつは、こうしたユーザーからの2通りのフィードバックをバランスよく受け入れることだ。そして**疑わしいときは、彼らの言葉ではなく、行動に注目したほうがいい。**

当てにならない未来予想

似たようなことがフェイスブック（Facebook）でも起きた。

フェイスブックがもともとはハーバード大学の学生たちに向けたサービスとして始まったことは有名だが、もし創設者のマーク・ザッカーバーグが初期ユーザーたちの言うことを鵜呑みにしていたら、このSNSはまったく別の方向へ進んだことだろう。

ハーバード大の学生がフェイスブックについてもっとも気に入っていたのは、その排他性だったということは明らかだ。初めてイェール大学でもサービスが開始されるとき「えーっ、なんであいつらにも？」とブーイングが起きた。さらに、フェイスブックが新たなキャンパスにサービスを拡大するたびに、既存ユーザーは口々に不満を表明した。

だが結局、学生たちは誰も自分のプロフィールを削除したり、サイトの利用を完全に止めたりしなかったのだ。実のところ、彼らの使用頻度は以前より高くなっていた。

「ネットワークが強大になるにつれて、彼らはそこから外れたくないと思うようになったんだよ」とマークは言う。

これと同様のことが、フェイスブックが写真のタグ付け機能を追加しようとしたときに起きる。「これが実施されれば、自分の写真がフェイスブックで登録した友だちに（自分の知らないうちに）見られる可能性が出てくる」

マークがこの新機能を説明すると、「ほとんどのユーザーから『そんなプロダクトはいらない。ノー、ノー、ノー！』と言われた」。けれどもやはり彼らは、言葉とは裏腹な行動をとった。

というわけで、マークはこう結論を出す。「**人間というのは、新しいものに自分自身がどう反応するかを予測するのが実に苦手**なんだな」

ユーザーというのは、常に自ら言った通りに行動するとはかぎらない。そしてそれには多くの理由がある。時に彼らは、物事に対して実際よりも意欲的な態度を前面に打ち出そうとする。たとえば、大半の都市生活者が自分の住む都市にオペラ座があるのは好ましいことだと言うが、実際にオペラのチケットを買う人はほとんどいない。

だから、もしあなたが本当にユーザーから学びたいなら、彼らがあなたをどこへ導こうとも黙ってその後をついていく他なく、場合によっては、自分のプロダクトが彼らにハイジャックされてもいいとさえ思えなければならない。

これは、自分が意図していなかった使い方をするユーザーが現れても、黙認せざるを得ないということだ。もちろん、常にフィードバックを求めることはできるだろう。しかし、**ユ**

ーザーの言うことを無視しつつ、むしろ彼らのすることを観察するほうが有益な場合もあるのだ。

口うるさい顧客のフォロワーであれ

ジュリア・ハーツは14歳にしてバリスタの職に就き、カリフォルニア州サンタクルーズにあるアグリーマグというコーヒーショップで働いていたが、ある日、彼女は生まれて初めて、怒りにとらわれた客と遭遇する。そして、彼女がその客の逆鱗に触れるのは一度ですまなかった。

「お店で、わたしはおいしいラテの作り方を覚えました」とジュリアは回想する。「でも、あの女の人ったらいつも朝5時55分に現れて、入って来るなりわたしに向かって怒鳴りつけるんです。ここのコーヒーがどんなにまずいか、15分くらい延々とまくし立ててね」これが何週間も続いたという。

「そんなある日、わたしはふと気づきました。彼女には話し相手がいないんだろうなって。彼女が怒っているのは、わたしのことでもないし、ラテのことでもないんだってわかったんですよ」

「ラテのことではない」——あなたがカスタマーサービスについて知るべきおよそすべての

ことが、このフレーズに含まれている。

なぜなら、**もっとも熱心な顧客がもっとも気難しい顧客でもある**からだ。そして気難しい顧客からのフィードバックこそ、会社の成長に弾みをつけるものなのだ。

「あれは、わたしの人生で学んだ一番大切なことのひとつです」とジュリアは言う。

人々の話にどう耳を傾けるか、そして、言外に込められた思いをどう汲み取るかを彼女は学んだのだ。

後にジュリアの共同創業したオンラインチケットサービス、イベントブライト(Eventbrite)が成功を収めたのは、ひとつには、彼女がユーザーの購買意欲を高めるものが何かを突き止める方法を知っていたからである。

2006年頃、すでにイベント関連業界は多くの企業で溢れかえっていた。しかしジュリアと(間もなく夫となる)ケビン・ハーツと、そしてもうひとりのパートナーの3人は、当時まだ見過ごされていた「小規模のイベント主催者」へのサービス提供にビジネスチャンスがあると考えた。これらの顧客が各イベントに充てる費用は(あるとしても)ほんのわずかだろう。しかし、そうした顧客は数え切れないほどいる。

そして、主にテック系のブロガーたちがその初期ユーザーとして、自分たちのオフ会を主催するためにこのプラットフォームを利用し始める。

さて、問題はそのテック系のブロガーという人種である。往々にして、彼らは口うるさい。「わたしたちは、とても緊密なフィードバック・ループをつくり上げました。文字通り、びっくりするほど辛辣なことをおっしゃるユーザーさんたちと」

ジュリアはイベントブライトのフィードバック・ループを急回転させるために極端な行動をとる。

彼女とケビンは2人とも、それぞれの携帯電話の番号を公表して、顧客のトラブルや不満をいち早く——ときにはリアルタイムで——把握し、即座に対処できるようにしたのだ。

これにより、イベントブライトは、ライバルが見向きもしなかった小規模のイベント主催者のロングテールから収益源を生み出すことができた。

テッククランチのオフ会を、テック業界の一大イベントであるテッククランチ・ディスラプト・カンファレンスへと発展させたのが、よい例だ。というわけで、イベントブライトは、年々拡大していく相変わらず口うるさいカスタマーベースに依拠しつつ、より大規模で複雑なイベントへのサービス提供を目指していった。

ジュリアとそのチームが、顧客の動向を入念にモニタリングすると、気づいたときにはすでに彼らのプラットフォームは、たとえば、東海岸の婚活パーティやゴートヨガ（子ヤギと一緒にヨガをするイベント）のような人気急上昇中のユニークな企画・開催に欠かせないものになっていた。
「このプラットフォームが、さまざまな地域でさまざまなカテゴリーのイベント企画者に組織的に採用されていることがわかってきたとき……そのときですね、希望の灯りが見えたのは」とジュリアは言う。彼女の目に、イベントブライトの成長していく過程が見え始めたのだ。

しかし、彼女にまず必要だったのは、それぞれのイベント団体が具体的に何を要求し、何を優先しているのかを突き止める方法だった。

顧客を観察するうえで鍵となるのは、何かしらの意図や仮説に沿ってではなく、ひたすらオープンな姿勢で彼らの行動をありのままに見守ることだ。

そして「わたしたちが彼らに貢献できる一番重要なことは――マーケットプレースとしての役割を第一とする――イネーブルメント・プラットフォーム（イネーブルメントは、企業や団体の活動を強化・改善・最適化すること）の構築なのだと気づいたのです」

イベント企画者たちの心理状態を詳しく見ていくにつれて、彼らが常に仕事を楽しんでいるわけではないことが判明する。「イベントの企画には不安がつきものなのです」とジュリアは言う。合衆国で毎年調査・発表されるもっともストレスの大きな職業のうち、トップから5位までのなかに必ず「イベント主催者」が入っているのには理由がある。彼らの不安が尽きることはないのだ。


参加者たちは本当に現れるだろうか？

チケットを完売できるだろうか？

タレントは予定通り現れるだろうか？

この会場で大丈夫だろうか？

供給業者はちゃんと注文した物を配達してくるだろうか？

何か問題が起きるとしたら、どんなことだろう？


しかし、ジュリアはまた、イベント企画者のなかには進取の気性と起業家精神に富む人々もいるということに気づく。その代表例が、チャド・コリンズという男性だ。

チャドとその娘は、ある日、レゴ・ブロックを使ったオリジナル創作を録画して、ユーチューブ・チャンネルに投稿し始める。すると1年も経たないうちに、投稿動画は数百本に増え、彼らのチャンネルには何百万人ものフォロワーがついた。そしてあるとき、チャドの娘は何気なくこう言った。「レゴが大好きな他の人たちと一緒に何かできたら楽しいだろうね」

そこで、チャドがイベントブライトにアクセスして、最終的に『ブリック・フェスト・ライブ』という名のレゴ愛好家イベントを組織すると、実に5000枚ものチケットが即座に売れた。

だがチャドはそこで止まらなかった。自ら主催できるさまざまなタイプのイベントについて考え始めたのだ。そこには、ゲーマーや発明家のイベント、そしてフェスティバルも含まれていた。

やがてイベントブライトの顧客はそれぞれに成長を遂げ、それとともに、より大規模な新しいイベント企画・開催の依頼を受けるようになった。国際会議、サミット、フェスティバルなどだ。

その間も引き続き、顧客の動向を細かく観察していくのだが、ジュリアたちはデジタル的な実態調査に留まらず、現場に出向いての調査も行い始める。そうしてわかったのが、イベント会場入り口の大変な混雑ぶりだった。そこで、イベントブライトはRFID技術(タグなどに記憶された個別情報を無線通信によってやり取りする自動認識システム)を導入し、主催者側が入場者の持っているチケットをICチップ読み取り装置でスキャンできるようにした。

イベントブライトは大胆な――このときまで完全にデジタル・プラットフォームだった会社としては、極めて異例の――行動に出る。ハードウェア開発に着手したのだ。間もなく、現存するどのゲートにも固定できる、RFID専用の小型読み取り装置を開発した。

ここまで深く、顧客の抱える日常的な問題に首を突っ込んでいたら、さぞかし気苦労が絶えないことだろう。確かにそうだが、ジュリアはこうした努力で得られるものは大きいと実感している。イベントブライトが思い切って誰かのチャレンジに協力すると、必ず他の誰かの窮地を救うことができるようになるというのだ。つまり、イベント主催者が先々遭遇するであろう問題に対して、あらかじめ対策を立てておけるということだ。

ここで**重要なのは、そうした普遍性のある難題を見つけ出し、スケール可能な解決策を提供すること**である。

このような先を見越した問題解決の姿勢こそが、小規模イベント相手のスタートアップにすぎなかったイベントブライトを、11カ国・14地域のオフィスと合計1000人もの従業員を擁する企業へと発展させた要因なのだ。

ホフマンの分析

顧客を偵察要員と見なし、その行動から手がかりを得よ

会社の創業者は戦場における司令官のようなものだ。周囲は、あなたがターゲットにしたいものばかりだろうが、そのすべてを攻める時間も戦力もない。このときまず必要なのは、ターゲットを戦略的に絞り込む方法を見つけたうえで、素早く武器を調達することである。

しかし、もし顧客の言葉にだけ注意を払い、彼らの行動に目を向けなかったら、間違った方向に弾丸を飛ばすことになりかねない。

顧客の発言ではなく、むしろ**顧客の行動から手がかりを得る最善の方法は、彼らを偵察要員として扱うこと**だろう。彼らの任務は、初期プロダクトの開拓域を徐々に広げつつ、重要な情報を持ち帰ることだ。

となれば当然、あなたは彼らが持ち帰った情報を解釈する高度な能力を身につけなけ

ればならないし、こうしたフィードバックにできるだけ早く対応する準備を整えておかなければならない。

もっとも優れた起業家は、少数の顧客グループ（群）を将来的に形成されるカスタマーベースの核として捉え、まず彼らを十分に理解したうえで最適なサービスを提供しようと努力するものだ。こうした初期の顧客の要求を満たすことが、プロダクトをマス・マーケット向けに進化させる主要因になり得るからである。

これは、私が起業家たちによく「自分自身が希望する時期より早く、プロダクトをリリースせよ」とアドバイスしている理由のひとつでもある。リリースし、観察し、そして反応せよ――そしてこれを一から何度も繰り返せ、と。

単にスピードの問題ではなく、ずさんな仕事で構わないと言っているのでもない。むしろ、ごく小さなチームから徐々に大きくなっていくユーザーベースまでの距離を、正確なステップで踊るように進むべきだと言いたいのだ。

普通なら、このダンスをリードするのはユーザーの側だが、いつもそうとはかぎらない。たまには、創業者の側がそれまでの振りつけを変えて、顧客をクルッと回転させてやらなければならないときもある。

極めて深い洞察力のある創業者は、顧客が何を欲しているかについて鮮明なビジョンを持つことができる。しかし同時に彼らは、自ら思い描いたものが想像力の産物に過ぎず、そのため、**将来のビジョンを顧客からのフィードバックに基づいて修正していく心構えを持つ必要がある**と認めてもいる。

ただし、あなたに見える将来のビジョンを顧客に説明するだけでは、そうした有効なフィードバックは得られないだろう。なぜなら、ほとんどの人は将来を正確に見通すことが苦手だからだ。

顧客が何をして、何をしないかを観察する

ドロップボックス（Dropbox）を創業して間もない頃、ドリュー・ヒューストンは不安を抱えていた。というより、彼は不安でいっぱいだった。そしてそれには正当な理由があった。彼の顧客がごっそりと姿を消していたのだ。しかも、その原因が彼にはわからなかった。

わかっていたのは、紹介者を介してドロップボックスの登録メンバーになった人々のまる60%が、なぜかサービスの利用を停止し、それきり二度とサイトに戻ってこないという事実だった。

「さすがに、これにはまいりました」とドリューは言う。「それで、僕らは現地モニターの募

集をかけてみたのです。30分で40ドルの謝礼を出すという条件で。まあ、言ってみれば、安上がりのユーザビリティ・テストですよ」

ドリューたちは、応募者をそれぞれコンピュータの前に座らせると、基本的な指示を与えた。「画面に、ドロップボックスへの招待メールがあります。そこからサイトにアクセスして、ファイル共有を開始してください」

狙いは、そのタスクを完了するまでの各ユーザーの様子を見守り、改良のためのヒントを得ようというものだ。ところが、彼らは期待していた以上のものを発見する。

「5名のテストユーザーのうち、成功したのはゼロでした。5名のうちひとりも、あと少しで完了という段階にさえ進めなかったのです」と彼は言う。

「ほとんどの人が、ダウンロードの仕方さえわからずじまいでした。これには愕然としましたね。『なんてことだ。こいつは史上最悪じゃないか。これほど面倒くさかったのか。これじゃあ、誰だって頭を抱えるよ』って感じでした」

これは、かなり有効なテストだった。ドリューたちは、彼らのプロダクトが世間でどのように使われているかということについて、大いに学ぶべきだと気づかされた。その後も彼らは、有償テストユーザーを観察し続け、やがて他にも重大な問題点があることを発見する。

「ダウンロードを開始するまでは順調なのですが、そのダウンロードにあまりにも時間がかかるせいで、ユーザーたちは途中で他のものをブラウジングし始めるんですよ。しばらくして前画面に戻ろうとクリックすると、そのとたん、どこにダウンロードされたのかわからなくなる。そういう些細《ささい》な問題がたくさんあったんです」

しかし、これらの**「些細な問題」は、顧客にとっては、実際にこのプロダクトを利用するかどうかを決定するときの相当大きな判断材料になる**のだ。

ドリュー率いるチームは、最終的にトリアージ体制に突入し、ユーザーテストとプロダクト改良を繰り返し行うことにする。そしてついに、彼らはユーザーが体感した厄介な箇所をすべて取り除くことに成功した。

こうした一連の出来事から得た教訓は、その後何年経ってもドリューの意識から離れないという。

教訓「あなたのチームにとっては感覚的に操作できて使いやすいプロダクトでも、それがユーザーにとっても使い勝手の良いものだと思い込んではならない。それを確かめる唯一の方法は、ユーザーを観察することである」と。

重大な方針転換のときに群集反応をいかに避けるか

好むと好まざるとにかかわらず、急成長する企業は値上げに踏み切らざるを得ない場合がある。特に多いのは、そもそも持続不可能な価格構造のもとに開業するケースだが、それは一定数の初期ユーザーを獲得する唯一の方法だからである。しかしあまりにも長期にそうしたビジネスモデルに留まっていると、経営はいずれ立ちゆかなくなるだろう。

これに当てはまるのがペイパル（PayPal）だ。

私たち創設メンバーは、顧客がプラットフォームに友だちをひとり加えるたびに10ドル支払う約束をした。これは初期のユーザー基盤を構築するうえで手っ取り早く効果的な方法だった。しかし結果として、あっという間に資金消費率が1カ月につき数千万ドルという事態に陥った。やがて、あまりにも出費がかさんだため、共同創業者のピーター・ティールが報奨制度をいっさいやめてしまおうと――もともと、この制度は彼の発案だったのだが――言い出したほどだ。

しかし最終的に、私たちはあのキラキラと異彩を放つ約束を継続できる方策を見つけた。――少しばかりキラキラ度を抑えなければならなかったが。

依然としてユーザーとその友だちはそれぞれ10ドルずつ受け取ることができる一方で、その条件として、彼らは私たちに友だち紹介以上のことをしなければならなくなった。すなわち、クレジットカード情報を入力し、銀行口座を登録し、さらにペイパルの新規アカウントに50ドルを入金したユーザーのみ、この特典を受けられることにしたのだ。

誰も、私たちが一方的に約束を破ったと責めることはできなかった。しかし、このような負担をユーザーに強いたとたん、実際に私たちが報奨金を払う顧客の数は低下した。

破産寸前の苦しい経営から安定経営へと移行するために重大な方針転換を行うとき、その伝え方には細心の注意を払わなければならない。さもないと、ユーザーの一部に激怒した群集が形成されるだろう。

そうした群集反応を引き起こすのは、たいていの場合、極端にシンプルな声明文である。仮に「ペイパルは新規ユーザーに約束の金を支払うのを中止する！」という声明を読んだなら、彼らは一気に怒りの炎を燃え上がらせるだろう。しかし、「ペイパルは新規ユーザーから以前より多少詳細な情報を求めるが、今後も約束の金は支払い続ける」という声明であれば、比較的さらりと受け流すに違いない。

さらに**プロダクトのどういうところが顧客にとって貴重であるのかを見極め、そこだけは何がなんでも守り抜くという姿勢が必要である。**それが唯一、本当に重要な約束なのだ。

データと共感を結合させよ

会社をスケールアップするには、創業者は顧客データを把握できる体系的な方法を見つけなければならない。イベント企画のプラットフォーム、イベントブライトが成長するにつれて、共同創業者のジュリア・ハーツは、顧客からのメールをひとつ残らず自分で読むことは難しくなってきた。そこで彼女は、利用状況データおよび検索エンジンへのアクセス量を精査するために技術者や顧客サポートスタッフのチームをつくり、今では顧客サポートスタッフが彼女に顧客メールの内容を報告するという体制ができている。

となると、ジュリアの新たな役割は何だろう？　そうしたすべてのフィードバックを処理する新たな方法を探し続けることだ。

彼女が編み出した方法に、「Hearts to Hartz」と呼ばれるスタンディングミーティングがある。この会議にはイベントブライトのスタッフ代表が招集され、データ分析担当者と、顧客と実際に言葉を交わすサポートチームが顔を合わせる。「彼らがお互いにつながりを持ち、双方の体験がひとつにまとまっていくのを目の当たりにするのは、予想以上に興味深かったです」とジュリアは言う。

「それはまるで、スタッフの顧客に対する見方と本当の意味での共感が――データから得られる情報と相まって――目の前に形としてはっきりと現れてくる感じでした」

客観的で論理的なデータの能力を最大限に発揮させるには、感情的で人間味溢れる顧客を引き合わせる必要があった。「データだけを見つめるスタッフと、人間的なつながりを実際につくり出している面々とが頭を突き合わせることで、点と点が結びつき、目の前に熱と光の両方が見えるマトリックスが浮かび上がってくるんです」

このマトリックスは、どの企業にとっても必要不可欠な、それでいて入手可能なツールである。**データと共感を結合させれば、顧客の望むものと必要とするものがより広範に見えるようになる。**現在にかぎらず、将来においても。

イベントブライトのようなデジタル・プラットフォームが、顧客の実態をより正確に把握するのに――気持ちの面でもつながりを持ちながら――データに大きく依存することは何ら驚くべきことではない。

しかし、ジェニファー・ハイマンのレンタル衣装ビジネス、レント・ザ・ランウェイ（Rent the Runway）もまた創業以来、常にデータを相当に重視していると知ったら、驚く人もいるだろう。

「実は、従業員全体の80％がエンジニアとデータ科学者とプロダクト・マネージャーなのです」とジェンは言う。「販売とマーケティングの人員は、ほんのわずかしかいません。わたしが最初に採用した幹部職員は主任データ管理者で、彼は最初に採用したスタッフ10名のひとりでした。わたしたちは、創業時からずっとデータについて考えていたのです」

「1年に100回以上、個々の顧客からデータを集めています」とジェンは言う。「それでわかることがたくさんあるのです。たとえば、

・お客さまがそれを実際に身に着けたのかどうか
・何回着用したのか
・大いに気に入ったのか
・それともただ問題なく使えただけか

・どういう機会に着用したのか

などなどです。

受け取ったデータを、わたしたちが購入すべきものと製造すべきものの両方に反映させ、それにどんなクリーニングを施すか、その衣装一式のROI（投資利益率）をどう高めるか、そのうえで、**どうやって現在の需要格差を埋めていけるかを見極める**わけです」

たしかに、消費者がどういう服装を選ぶかは、主として個人の感情によって決まるものだ。しかし、だからといってデータが、顧客のそうした選択をより深く理解するのに役立たないということではない。

「カスタマーについて本当にたくさんのことがわかりますよ」とジェンは言う。

「なぜならお客さま、ひとりひとりが、好みのデザインやフィット感だけではなく、ご自身の生活についても教えてくれるからです。たとえば、妊娠したことを現実生活の誰よりも先に知らせてくれますし、今週はビジネスミーティングの予定が入っているとか、来週はマイアミに出かけるつもりだとかも伝えてくれるのです。そんなわけでユーザーのことも在庫のこともきっちり理解できていますから、その2種類のデータを突き合わせて検討することができるのです」

顧客に傾聴すべきとき

顧客の行動を観察するほうが、彼らの言うことに注目するよりも多くの情報を得ることができる。しかし同時に、耳を傾けることも重要だ。ただし、何に耳を傾けるべきかを知っておく必要がある。そして、マリアム・ナフィシーほどそれを熟知している人物はいない。彼女は、グラフィックデザイン・プラットフォームとして数億ドルの収益を上げる私企業、ミンティッド（Minted）の創業者兼ＣＥＯである。

マリアムは、顧客からプロダクトや会社の方針について質問を受けるたびに、その顧客をフォーカスグループやユーザーテストに招き入れる。しかも、この任務をプロダクト開発者やマーケティング担当者に委託せず、彼女自身がインタビューを行う。

「よくフォーカスグループ会議を開きます」とマリアムは言う。「自分で司会もやって、進行表も自分で書きます。参加者のみなさんは、ＣＥＯが司会をすると知ってすごくビックリされますね」

マリアムは、**顧客が何を思っているかをじかに聞く効果の大きさ**を心得ている。顧客の生の声を耳にすることで、彼女はアハモーメント——第三者を介して聞いた場合には決して得られない感情の高まり——を何度も体験してきた。そのため、ミンティッドが著しく成長してもなお、マリアムはこうした顧客との直接的な結びつきを何よりも大切にしているのだ。

彼女にとって楽しく刺激的なのは、人々の頭のなかに入っていくことで、それは、必ずそこに驚きの発見があるからだという。たとえば、いろいろな種類のデザイナー文房具をすべて同一価格にすると、いわゆる「分析まひ（情報の分析に時間をかけ過ぎて、決断を下せない状態になること）」を引き起こす場合があるという。

直感に反することではあるが、彼女は顧客に購入のきっかけを与えるために価格を変更せざるを得なかった。

さらに、**顧客をつぶさに観察することにより、ニーズと優先順位に驚異的な違いがあることが表面化する場合もある。**

X世代（1960年代半ばから1970年代半ばに生まれた世代）の人たちは、美しいデザインの文房具を買うときに、そのデザインを考案した人物のことをほとんど気にしないが、ミレニアル世代は個々のデザイナーについて強い関心を示すという。「彼女たちから言われるのですよ。『こういうアーティストたちの生い立ちや秘話みたいなのを共有すると良いのでは？　私は、この人たちのことをすごく知りたいんです』と」

1990年代の終わりに、ロバート・パシンは、ラジオ・フライヤー（Radio Flyer）――真っ赤な子ども用ワゴンで一躍有名になった、アメリカ屈指の遊具メーカー――のCEOに就任した。しかし、イタリア移民の祖父が1918年に創設したこの会社は、岐路に立っていた。ライバル数社に市場シェアを奪われつつあったのだ。

ライバルたちは素早い動きで、プラスティック製のワゴンその他の遊具を製造していた。気がつくと、彼は会社の存亡をかけた問いを口にしていた。

「われわれは何者なんだ？　製造業者なのか、それともデザイン会社なのか？　何を手がければ世界一のメーカーになれるんだ？」

方向性を見出そうと、ロバートは主力商品であるラジオ・フライヤーが人々にとってどういう意味を持っているかを理解したいと思い、カスタマー・リサーチを開始した。人々に「子どもの頃に持っていたラジオ・フライヤーについて、覚えていることを聞かせてください」と頼んだのだ。もちろん、たくさんの人が懐かしそうにそのワゴンにまつわる思い出を語ってくれた。そして一部には、ラジオ・フライヤーの三輪車にまつわる楽しいエピソードを思い出す人たちまで現れた。

「それで我が社のリサーチチームは彼らに、それがどんな三輪車だったか質問してみた」とロバートは回想する。「すると、ピカピカに光る赤い三輪車で、クロムメッキ加工されたハンドルがあって、大きなベルもついていて……という答えが返ってきた」

ただひとつ問題があった。

「うちの会社では一度も三輪車などつくったことがなかったんだ」

ロバートは、自社が一度も手がけたことのない製品への知られざる郷愁を探る。顧客たちの頭に浮かんだ、この想像上の三輪車について笑い飛ばすこともできたはずだ。あるいは、このリサーチ報告をまるごと事実無根として退けることもできただろう。しかし彼は、**顧客の空想の産物に過ぎない思い出を現実の物語に変えることにした。**

彼は三輪車をつくったのだ。

ピカピカに光る赤いラジオ・フライヤー三輪車は、やがて同社の主力商品になり、さらに、今では三輪車の国内トップブランドとなっている。しかし、これ以上に重要なのは、ロバートが、顧客のブランド認知がワゴンという製品そのものに関してではなく、むしろ、子ども時代への郷愁——健全な心身を育む戸外遊び、そしてピカピカに光る小さな赤い乗り物——と深く結びついていることに気づいたことである。

その後、ラジオ・フライヤーは、赤いキックボードから小さな赤いテスラまでさまざまな種類の子ども用遊具の開発・製造に携わっている。

スケールのためにユーザーを無視すべきとき

事業拡大《スケール》は2通りの道――容易な道と困難な道――のうち、いずれかひとつをたどって成し遂げられる。そして多くの場合、自分が困難な道を歩んでいることに気づくのは、すでに手遅れになったときである。

容易にスケールできるのは、最初から適切なプロダクトを開発した場合だ。つまり、ユーザーに愛される商品、ユーザーが無意識に誰かに伝えたくなる商品をつくり上げたときだ。

こういった場合は、ユーザーが次々に他のユーザーを呼び込むという、有機的な結合に基づく自然発生的な成長ができる。

一方、困難に立ち向かわざるを得ないのは、中途半端なプロダクトしかできていない場合だ。ユーザーが「まあまあかな」という程度に思って、しばらく使ってみるが、ずっと使い続ける気持ちも知り合いに勧める気持ちも起きない製品やサービスを開発したときである。

プロダクト開発に成功すれば、たいていは容易な道をたどるだろう。しかし私には、例外を少なくともひとつ挙げることができる。リンクトイン（LinkedIn）の場合である。

リンクトインの初期ユーザーは、このSNSを大いに気に入っていた。彼らは自分たちを「オープン・ネットワーカーズ」と呼び、さらに「リンクトイン・オープン・ネットワーカーズ」を略したLIONsという文字を公開プロフィールの見出しに使った。**問題は、彼らが惚れ込んだのは、私たちの提供するサービスそのものではなかった**ことだ。

彼らは、「リンクトインのユーザーなら、誰でもビル・ゲイツと連絡を取り合うことができるはずだ」と思っていたのだ。

もちろん、それは現実的に無理な話だ。しかしこれは、熱心な初期ユーザーグループが私たちのスケーリングに協力的でなかった理由の一部なのである。

私たちは彼らの支持に感謝していた。だが結局のところ、彼らが最終的に求めていたものを届けることが私たちにはできなかったのである。

私たちには、いわゆる「鶏が先か卵が先か」というジレンマがあった。私たちがリンクトインで実現できると思い描いていた、世界に奇跡をもたらすほどの画期的なネットトワークの構築は、膨大な数のユーザーを獲得しないかぎり不可能なことだ。

つまり、ある採用担当者が「探しているのはミシシッピ州ビロクシに活動拠点を置く会計士。採用条件は、人文学の学士号を取得していることと、10年以上の職務経験があること」と言えば、その条件を満たす候補者がワンクリックで見つかるという状態にするには、圧倒的多数のユーザーが必要だったということだ。

しかも、LIONsの面々とは違って、このような貴重なユーザーは最初から私たちのサービスに満足するはずがない。では、どうすれば前進できるのだろう？

結局は、一定数の集団を少しずつユーザーとして迎え入れていくしかない。そのため、できるだけ早いうちに、サービスを頻繁に利用する可能性のある人々のグループを見つける必要がある。そうしたユーザー集団は小さいながらも、しっかり打ち込まれた楔《くさび》のような役割を果たし、そこから地盤を広げていけるかもしれないからだ。

もちろん、プロダクトが熱心な初期ユーザーに愛されることは、願ってもない。しかし、リンクトインが成長の途についたのは、それ以外のユーザーたち――そもそも私たちがターゲットとしていた人々――に愛され始めてからだった。

ホフマンの理論

顧客について学び、顧客から学べ

■ユーザーの言うことではなく、やることに目を向ける

顧客がプロダクトを使って何をしているか、または何をしようとしているかを観察すれば、おのずと進むべき方向がはっきりと見えてくるだろう。しかし、彼らの言うことではなく、あくまでも彼らのやることに注目していなければならない。

■人間行動についての自説が試される

個人やグループの行動についての持論が、ビジネス戦略・プロダクト設計・販促プログラムなどを含むすべての意思決定における根拠であるべきだ。しかし、顧客から異なる理論や方向性が示されたときには、それを見落とさず、むしろ歓迎する姿勢をとるほうがいい。それが、プロダクトが分化する機会になり得るからだ。

■顧客の導きに従って進め

ビジネスを成長させるためには、製品やサービスの運用をコントロールするのを断念しなければならない場合もある。顧客がプロダクトを巧妙に改造したり、あるいはハイジャックしている事例が見つかったら、それにつき合って進むべきだ。

■データと顧客の気持ちは、両輪である

顧客データは客観的で論理的であり、顧客の気持ちは、感情的で人間味溢れる。あなた自身は、それぞれが最大限に発揮されるように、両者を引き合わせてともに働かせる役割を担おう。

第8章

路線変更を恐れない

次にすべきことは何か

２００４年、ある新語が生まれた。アップル（Apple）のｉＰｏｄ所有者のために開発された新種のメディア「ポッドキャスト」だ。これにより、誰もが自分自身のコンテンツを――ラジオ放送のルールや通信監視システムに縛られることなく――録音・配信することが可能になったのだ。

この新しいキャッチーな名前が、流行に敏感な人たちやオーディオファンの間に大きな関心を湧き起こした。この波に乗る計画を思いついたのがエヴ・ウィリアムズだ。

その時すでにエヴが興したブロガー（Blogger）というスタートアップは、ブログ初心者でも簡単に自分のブログを開設できるという画期的なサービスを提供していた。ブロガーは文化的なツァイトガイスト（時代を特色づける思想や精神）を捉えはしたが、経営的には好不調の連続だった。やがて彼はブロガーをグーグル（Google）に売却する。成功だった！　そしてエヴはそのときすでに、また別のコミュニケーション形態を探ろうという気になっていた。

彼の尽きることのない情熱は、テクノロジーを通して人々をつなぐこと、あるいは、人々のアイデアをつなぐことに向けられていた。彼の関心は、まずコンピュータプログラミングに、ついで、はるか遠くの人々ともつながることができるオンライン掲示板に向かった。しかし、本格的に彼の想像力に火をつけたのは、雑誌『ワイアード』の創刊号で見つけたひとつの記事だったという。

「その記事には、地球上のあらゆる頭脳をつなぐことが書かれていました」とエヴは回想する。このビジョンに導かれて、彼はシリコンバレーに移り住み、やがてブロガーを創設し、そして今や彼の好奇心はポッドキャストへと掻き立てられているのだ。

エヴは、何かを書いて自己表現したい熱心な人がいるなら、そのアイデアを誰かと共有したい人はもっとたくさんいるかもしれないと考えた。そこで彼は500万ドルの資金を確保して、ポッドキャスターが簡単に作品を配信し、また、リスナー側も簡単にコンテンツを見つけられるプラットフォームを開発する。新会社、オデオ（Odeo）を創設し、これを世界初のポッドキャスティング・プラットフォームとして世に出すことを思い描いていた。

すると、今にもオデオを公開するという段になったとき、彼はあるライバルが参入しようとしていることに気づく。それも並みの相手ではなく、アップルだった。

2005年、アップルはポッドキャストをiTunesソフトウェアに統合し、iPodユーザーがこれまでよりはるかに簡単にポッドキャストにアクセスできるようにすると発表した。もちろん、彼らの既存のユーザー基盤は、オデオが想定するオーディエンスの大部分でもある。まさに壊滅的な打撃である。

「あれにはぶっ飛びましたね」とエヴは言う。

次にどういう行動に出ればいいのか、彼にはわからず、取締役会や開発チームに赴いてこう言った。「シャットダウンすべきじゃないだろうか？ ポッドキャスティングがまだ僕らのやるべきことなのかどうか、わからなくなってきた。何か、アイデアはないかな？」

エヴと開発チームは、アイデアをひねり出す実証済みの方式、ハッカソン（特定の技術を持つプログラマーが集まり、1日ないし数日かけて集中的にソフトウェアの共同開発を楽しむイベント）を始めることにした。プロセスは単純である。全従業員を集めて、参加者のアイデアをその場で一気に出させようというもので、たいていハッカソンは限定的で具体的な問題を解決するために行われる。だがエヴたちの場合は、もっと抜本的な問いへの答えを求めるものだった。

「僕たちが次にすべきことは何だ？」

結果的に、このハッカソンは歴史的な意味でも実り多いものになった。オデオの共同創業者であるビズ・ストーンと、ウェブデザイナーのジャック・ドーシーから圧倒的な名案が飛び出したのだ。

それは、グループメールのようなプロダクトで、ビズとジャックがショートメッセージから何かおもしろい技術を生み出せないかと探り始めていたものだった。エヴはこのアイデアにすぐに乗り気になった。

「僕はステータス・アップデート用にブログを作成しました。そしてそれを僕のブロガーチームと共有したんです」とエヴは言う。「それから家族旅行に出かけたので、旅先からブログに近況を書いて送信しました。そしたら我ながら、やけにおもしろい感じがしたんですよ。こんなふうに普通はシェアしないことまでシェアするんだなあ、と」

こうした近況の更新が、のちに「ツイート」として知られるようになり、そしてもちろん、このプロダクトはツイッター（Twitter）となった。


エヴとそのチームは、ツイッターには大きなポテンシャルがあると直感した。と同時に、彼らは新たな難問にぶつかる。今すぐに、オデオから完全に方向転換して、この新プロダクトに向かうほうがいいのだろうか？

これは容易に判断できることではなかった。取締役会の席上で、エヴはツイッターの最新動向とオデオの現状――成長はしていないものの、一定のユーザーを確保していることから、まだ生き延びる可能性はあること――を報告した。リーダーにとって、これほど苦しい決断はないだろう。**失敗したプロダクトを打ち切るのは簡単だが、スケールする見込みのないプロダクトを打ち切るのははるかに困難であり、また、その判断はより戦略的なものとなる。**

「あの頃、どんなことを考えていたか、今でも覚えています。どうせなら失敗したほうが、やりやすいのにって思ってましたね。そのほうがよほど楽に、先へ進めますから」とエヴは言う。「でもオデオは完全な失敗ではなかった。だからすぐに結論を出せず、たまに、ひょっとしてどうにかなるんじゃないか？　と思ったりしたんですよ」

一方、彼のチームは内々に友人や家族とツイッターを使い始めていた。「もう十分にネットワークとして機能していたので、みんな、これは新しいタイプのつながり方なんだという手応えを感じてましたね」とエヴは言う。

２００７年４月、ツイッターはオデオからスピンオフする形で発足した。オデオは徐々にサービスを縮小し、やがてツイッターに取って代わられたのである。

この章では、ピボット（方向転換）の極意を探っていこう。ピボットするというのは、字義的には新たな方向へ転換するという意味だ。企業経営においては、当初のビジネスプランを軌道修正し、関連性はありながらも別の新たなアイデアに取り組むことを意味する。多くの場合、ピボットは環境の変化や市場動向に対応するための路線変更である。

さらに、新たなビジネスチャンスや、逆に大きな障壁が現れたとき、あるいは、製品やサービスのポテンシャルに対してより理解を深めたときにも、このピボットという経営判断が下されることがある。その形態は一様ではなく、事業戦略の一部変更から会社組織の完全なリブート（再起動）まで実に幅広い。

実際のところ、ほとんどの起業家がピボットに踏み切るのはビジネスの地盤を見出す前であり、さらに地盤を見出してからもピボットする起業家は少なくない。そして場合によっては、極めて危険性の高いピボットに挑むこともある。

つまり、**起業家は常に新たなビジネスチャンスへと進路をとらなければならない**ということだ。まだはっきりとは先が見通せていない段階であっても。

とかく人間は、古いアイデアを容易に手放そうとしないものだ。ピボットするという決断に対して、共同創業者やスタッフや投資家、さらにはユーザーまでもが批判的な反応をすることは大いにあり得る。

そういう意味においても、これは指導者の手腕がもっとも試される局面といえるだろう。

しかし、高評価を受けたアイデアや、かつては見事な成果を生んだ戦略を捨てるのがどれほど困難であろうと、起業家にはそうしなければならないときが必ず来る。**重要なのは、ピボットすべき時期を見極めることであり、そして新たな方向へとともに進む人々を確実に結集させること**だ。

成功したスタートアップを注意深く見れば見るほど、その多くが完全に異なるビジネスとして始まり、その後ピボットして目覚ましい成長を遂げたことに気づくだろう。しかし、プロダクトやビジネス戦略が根本的に変わった場合でさえ、**ピボットに成功したほとんどの起業家が、創業時に掲げた目標やミッションをすべて捨て去ることはなく、むしろそれだけは変えずに残している**場合が多い。

これに当てはまるのが、先ほどのエヴ・ウィリアムズだ。言うなれば「シリアル・ピボッター（連続してピボットする人）」である彼が興した4つのスタートアップは、いずれも見た目は無関係のようでいて、実は、4社すべてがエヴ自身の全生涯をかけて追求してきた、ひとつのミッションから生まれたものである。

再び信頼できる仲間と

2010年、スチュワート・バターフィールドは、人生で二度目の起業意欲に燃えていた。彼の手がけた最初のビジネスは、すでに劇的な変化を遂げていた。カテリーナ・フェイクとともに創業した、写真共有サービスのパイオニアであるフリッカー（Flickr）は、もとをたどれば、『ゲーム・ネバーエンディング』という名のオンラインビデオゲームで失敗を喫したときに、彼らがそのゲームにあった機能のひとつを改良し、発展させてできた会社である。それ自体も典型的なピボットといえるだろう。だが同時にそれは彼の次なる企業、スラック（Slack）が生まれる前触れでもあった。

フリッカーの売却からすでに数年が経過した頃、スチュワートはオンラインゲームにもう一度挑んでみたくなった。そして今度のゲームは『グリッチ』と名づけ、前回とはまったく違うものだと自分に言い聞かせた。『ゲーム・ネバーエンディング』のときのような苦難にはもう直面するはずがない、と。

「今は資金もある程度は確保しているし、前よりもっと良いコネもある。それに、ハードウエアだって過去数年間で著しい進歩を遂げている。そのうえ僕ら自身が、経験を積んでスキルアップしている。エンジニアとしても、デザイナーとしてもね。というわけで、よし今度は大丈夫だ、失敗するはずがないって思ったんだよ」

何より確かだったのは、彼が以前よりさらに大きな賭けに出たことだ。

スチュワートと総勢45名の従業員から成るチームは、開発に4年を費やした末に、1万人のプレイヤーと関わりを持ち、1700万ドル（約22億円）の資金を調達した。そうしてやっと、『グリッチ』は小さな熱狂的ファン集団を獲得した。

しかし、経営は苦しくなる一方だった。

ゲーム自体は「ごく少数のゲーム愛好家にはものすごい反響だった。週に20時間もプレイする人だっていたくらいだ」とスチュワートは言う。「だけど、ほとんどの人――登録した人のうち97%くらい――が5分もしないうちに消えてしまったんだよ」

最終的に、スチュワートは「もう、ゲームオーバーだ」と認めた。

スチュワートは起業家の旅路のなかでもっとも苦しい瞬間に直面することになる。自分自身と、自分のチームに向かって、もうこの夢をともに実現することができないと判断したことを告げる日が来たのだ。

自ら愛したプロダクトを打ち切り、同じく愛したチームを解散しなければならないという事態は、彼の人生でこれが二度目のことだった。

『グリッチ』の終了を従業員に通告する当日、彼は全員参加の悲痛なミーティングを開いた。「それで僕は立ち上がって話し始めたのだけど……最初の言葉を言い終わらないうちに涙が込み上げてきて、そのまま僕はしばらく泣いてしまったんだ」とスチュワートは回想する。

「本当にもう、あんなにつらいことはなかったな。なにしろCEOの仕事っていうのは、とにかく人に信じてもらえる話を次から次に思いつくことだからね。

きみも僕と一緒に世界を相手に何かを起こせるんだぞって。

投資家にだって、報道関係者にだってそうだよ。それに、もちろん採用候補者にも顧客にもだ。みんなを説得してばかりさ。

とにかく僕はそうやって、たくさんの人たちを説得してきた。このプロジェクトに加わるように、前にやっていたことが何であれ、そんなものは放り出してこっちにこいってね。仕事もやめてこいって言ったんだよ。安い給料でもいいだろって説得したんだ」

落ち着きを取り戻し、スチュワートはチームのメンバーに、彼らを退職させることについてどれほど申し訳なく思っているかを伝えた。その申し訳ない気持ちがあまりにも強かったので、実のところスチュワートは彼らのためにできることを何でもするつもりになっていた。「スチュワートとウェブ開発者の何人かで、グリッチ・ドットコムに載せるページを作成しようと決めたんです」とグリッチの技術チームのひとり、ティム・レフラーは回想する。「天才を雇ってください」というタイトルをつけ、ページを開くと画面いっぱいに、グリッチ開発チーム全員のリンクトイン・プロフィールと写真とポートフォリオが現れる。そして報道発表とほぼ同時に、ウェブサイトのトップページに「この人たちは就職先を探している」というインフォメーションを掲載したのだ。

さらにスチュワートとそのパートナーたちは、解雇されたチームメンバーのために推薦状を書き、また、履歴書作成のコーチングも申し出た。ティム・レフラーによると、スチュワートたちは「**スタッフ全員の再就職先が決まるまで、この仕事を続ける**」と心に決めていたという。

しかし、ゲーム終了のニュースを悲しんでいたのは従業員だけではなかった。週に20時間もプレイしていた、あの熱心なファンだ。スチュワートは、ユーザー全員に返金するか、または彼らの名前で慈善団体に寄付するか、それぞれの希望通りにしようと決めた。「だから僕らは、まるで親善ゲームをするみたいに友好を築きながら事を運ぶことができたんだ」とスチュワートは言う。

これが間もなく報われることとなる。

スチュワート率いるチームは、ゲーム会社閉鎖の残務処理を粛々と進めながらも、土壇場で投げるロングパスを探し始めていた。銀行にまだ500万ドル（約6億5000万円）の資金が残っていたし、**何かスケール可能なものをつくり出すという使命も残っていた**のだ。スチュワートはすでに、投資家に返済を申し出ていたが、今すぐ諦めずに新しい方向を見つけるようにと突っぱねられていた。

スチュワートたちは改めて、自ら開発したゲームのなかと周囲に配置したソフトウェアをすべてじっくりと見渡し、お互いにこう問いかけた。「ここに何かあるだろうか？」

2週間ほどかかったが、やがて彼らはその何かを見つける。チームがゲーム改良に取り組みながら開発していた、グループ内コミュニケーションシステムである。

これはチャットベースのコミュニケーションツールで、非同期の通信と通信内容の長期保存を可能にするものだった。これはさまざまなグループや話題に、それぞれ異なる通信ルートを提供できるシステムだ。

こいつには大きなポテンシャルがある、とスチュワートは思った。

チャットベースのコミュニケーションツールは、もともと彼らが築いたオンラインゲームとは似ても似つかないものだが、彼ら自身がすでに愛用していた。しかも3年以上の月日をかけて、開発チームはこのプロダクトに微調整を加えて性能を高めてきた。そしてこの迅速で透明性のあるチーム内コミュニケーションツールによって、以前よりも円滑に効率よく共同作業を進められるようになっていたのだ。

彼らは、このツール――やがてスラックとして世に出たツール――を使う必要性のある会社が他にもあるだろうと考えることができた。

これは、「再起動」型のピボットである。

今回の場合は、ゲームはすでにシャットダウンされ、スタッフは解雇されていた。スチュワートはまったく関連性のないプロダクトに一から取り組み始めるだけではなく、ビジネスをまるごと――新しいオフィスやスタッフなどもすべて含めて――再発足させなければならなかった。

だが、グリッチ閉鎖の処理をかなり穏便に行っていたため、スチュワートはその旧スタッフの一部に再び協力を依頼することができた。

そうして復帰したスタッフのひとりが、ティム・レフラーである。「なあ、戻ってきてくれないか？　一緒にこのプロダクトに取り組んでみようよ」と声をかけられた、とティムは回想する。

このときすでにティムには別の仕事があった。だが、なぜ自分を解雇した男のもとでまた働こうなどと思ったのだろう？　ひとつには、再就職先を見つけるためにこの男が骨を折ってくれたというのもあったが、それ以上に、この男にはかなりおもしろい新アイデアがあるように思えたからだった。

初めてスラックのオフィスに出向いたとき、ティムはチームに復帰したのが自分ひとりではなかったことを知って驚いた。実のところ、「まるで同窓会みたいでした」と彼は言う。

スチュワートがティムと結んだ契約は、ホフマン著の『アライアンス』で提唱された雇用形態を実践するものだった。つまり、**個人は企業とではなく仕事と契約し、そして企業とも相互に信頼し合うことで、終生の雇用関係を築くことができる**という考え方である。

そして今回は、ティムがまた閉鎖の憂き目に遭うのだろうかと不安に思う必要はなかった。スラックという名のもとに再起動されたシステムはやがて特大のヒットとなり、２０１９年の公開後、1年も経たないうちにセールスフォース・ドットコムに277億ドル（約3兆6000億円）で売却された。

ホフマンの分析

ピボットするときはチーム決定のように思わせよ

ピボットは単なる急旋回ではない。まず、ピボットする方向にビジネスチャンスがなければならない。それに向かってナビゲートできるほど、はっきりと自分の目で捉えることができるだろうか？　ともに進もうと、他の人たちを説得できるだろうか？

もしそれができるなら、古いアイデアからピボットしていこう。ただし、これは途方もなく困難な課題になるだろう。

なぜなら、これは人間に深く関わる問題だからだ。人間は、往々にして古いアイデアを容易に手放さないものである。共同創業者やスタッフや投資家や、そしてユーザーから非難を浴びることになるかもしれない。そしてこれは、リーダーとしてのあなたの手腕が試される、唯一最大のテストとなる可能性さえある。周りからどれほど信用されているかがはっきりと示されるからだ。

周りから見て、あなたは信頼に足る指導者なのだろうか？

スタートアップで仕事をするということは、ある意味、ともに戦場に行くようなものだ。あなたが小隊の残兵たちとともに身をかがめているとき、あなたと兵士の間には計りしれないほどの信頼が築かれるだろう。「上官が私の命を守ろうとするのをこの目で見たからには、私も進んで上官の命を守りましょう」

ここに、ピボットを成し遂げる鍵がある。従業員たちは、大事にされていると感じていれば、あなたをこれからも大事にし続けるだろう。

CEOとしてピボットを実行するときには、その最初のステップから主要チームとともに進めていく必要がある。ピボットがあたかも共同決定であったかのように思わせ、最初から彼らを引き入れるのだ。民主的である必要はないし、実のところ、民主的であるべきではないと私は思う。

しかし、**あくまでも参加型と捉えられるものでなければならない。**人々は自分には発言権があると感じる必要があるのだ。自分の投票が重要だと感じることができなければならない。つまり、会社は自分たちを心底気にかけていると、ひとりひとりが実感できていなければならないということだ。

チームが古い戦略に留まるか新たな戦略にピボットするかで2つに分かれた場合、すかさず両方の意見に賛同して両面作戦をとるのが賢いように思えるかもしれない。それがもっとも民主的で、平和を保つ方法だと考えるのではないだろうか？　しかし、創業者は決してこう言いたくはないはずだ。「われわれはXに取り組むことにする。そしてYにも取り組む。なぜなら、我がチームは両方のアイデアを気に入っているからだ」

これは一時的には得策と見なされるかもしれないが、この結末がどうなるか私には断言できる。映画『テルマ&ルイーズ』のラストシーンのように、手に手をとって車を急加速させて深い谷底に突っ込むのだ。

結局のところ、**決断を下すのは創業者自身でなければならない**。それがチームに対して負うべき義務だからだ。創業者はXかYのどちらかひとつを選び、その決断に責任を持たなければならない。そして、どちらの方向を選んでも、必ずチームとともに進むことが重要である。

より良い道を求めよ

時には特殊な事情があって、起業家はピボットせざるを得ないこともあるが、ステイシー・ブラウン＝フィルポットの場合は、そうではなかった。

ステイシーはデトロイト西部で育ち、スタンフォード大学でMBAを取得後、グーグルに就職して8年間をそこで過ごした。

2013年のある日のこと、彼女はインドへの出張から戻ったばかりで、何もかも……文句なしだった。「ふと、周囲を見渡しました。わたしはオフィスにいたのですが、床から天井までの窓が2つ、その日は愛犬もオフィスにいて、イヌ専用のベッドもあって、わたしにはテーブルがあり、カウチもありました。アシスタントもいました。会社勤めの人たちが夢見るすべてがそろっていたのです。だけど、自分が何かやり残しているような気がして」とステイシーは回想する。「それで思わず、こう言ってました。『わたしの心をギュッとつかむもの、もっと夢中になってやり遂げたいって思えるものを見つけないとダメだわ』」

幸運にも、ステイシーは間もなく、タスクラビット（TaskRabbit）創業者のリア・バスクと出会う。タスクラビットは、さまざまな雑用や家事の代行サービスを提供する人気アプリだ。ステイシーはさっそくこのサービスを使ってみると、大いに気に入った。「わたしはミッション志向の人間なんです」とステイシーは言う。

「シリコンバレーではよく伝道師タイプと傭兵タイプの話をしますが、わたしは間違いなく伝道師タイプです。人々の日常的な仕事の改革を進める、タスクラビットのミッションにすっかり心を奪われました。それに、故郷のデトロイトのことが急に懐かしくなったのです。そこに暮らす善良な人たち、産業が全滅したために仕事を失った、あの勤勉な人たちのことが。みんな、仕事を見つけられなくても労働者の誇りを失わない人たちでした」

2013年、ステイシーはCOO（最高執行責任者）としてタスクラビットに加わる。しかし間もなく、同社がいくつかの根本的な問題を抱えており、このままでは今後の成長が難しいと気づいた。彼女はさまざまな数値を調べた末に、こう考えた。「目標を達成するには、やり方を完全に変えなきゃならないところが2つ3つはある」

なかでもステイシーが注目したのは、雇われる側のタスカーと雇う側のクライアントを結びつける自由入札システムだった。現状のやり方では、すべてのタスクについて入札手続きをしなければならないタスカーたちは、自分の仕事を最安値で提供するために他のタスカーと競り合わざるを得なくなっていた。一方、クライアント側は、すべての入札に目を通して落札者をひとり選ぶのに、あまりにも多くの時間を要していた。

こういう無制限の「何でもあり」方式でも、だいたいはうまくいっていたようだ。つまり、なかには入札合戦で得をするユーザーもいたということだ。しかし残りの50%は、選択肢が余りにも多すぎて混乱したり、あまりにも自分を安売りすることになったり、嫌な体験をしていたという。

タスクラビットには重大なピボットが必要だということだ。選択肢と混乱を減らし、信頼性を高める基本構造に変えなければならない。

ステイシーとそのチームには、より良いシステムがどういうものか直感的に思い描くことができた。無制限の求人を廃止して、人気があって簡単に理解できる四種類のタスク——便利屋の仕事、清掃、引っ越しの手伝い、個人秘書——に簡素化する計画を立てる。

同時に、タスクラビットはタスカー側に一定の権限を与えることにした。具体的には、それぞれのタスカーが、いつ・どのように・時給いくらで働きたいかを決定できるシステムに変えたのだ。こうして、タスカーたちの時給額がオークションによって決定されることはなくなったのである。

タスカーたちはオークションの結果を何度も不安がりながらチェックしなくてすむ。クライアントたちも、ウェブサイトに1回アクセスするだけで予約することができるようになった。また、その一度のアクセスでも、延々と続く入札リストをスクロールダウンする必要はなく、希望時給・レビュー・技能などの情報に基づくお勧めタスカーの短いリストを見るだけで良くなった。

これだけ大規模なピボットを検討しているときには、たいていの場合、まずそのアイデアを試してみたくなるものだ。

例にもれず、ステイシーも試したくなった。ただし、彼女は――このプラットフォームに対する先入観のまったくない――新規ユーザーを対象にテストしたいと考えた。彼女たちがテスト市場として選んだのは、ロンドンで、理由は、タスクラビットのブランドとしての認知度が多少あったこと、そして、このエリアではサービスをまだ開始していなかったことだ。

テストの結果は良好だった。仕事の受注率は上がり、さらに成約率については50%から80%に跳ね上がった。「十分すぎるほどの手応えでした。だから、そのままの形で合衆国に持ち帰ったのです」

イギリス人が気に入ったのならアメリカ人だって気に入るはず……だろう?

実は、そううまくはいかなかった。そもそも、**現存するシステムを変えるのは、新システムを導入するほど単純ではない**。しかもこの場合は、問題は必ずしも変更自体にあったのではなく、(どちらかといえば)タスカーたちが、それをどういうふうに知ったかというのが大きな問題だった。「変更のことをユーザーに伝えたのは、『テッククランチ』や『USAトゥデイ』など報道機関すべてに伝えた日でした」とステイシーは言う。これが間違いだった。個々のタスカーにとって、このプラットフォームは一種のコミュニティ、すなわち生活の場だった。もちろんこのことはステイシーも承知していたが、それでも、このニュースは圧勝だと思い込んでいたという。「きっと大喜びしてもらえると確信していました。だって、ユーザーたちにとってこれ以上のシステムはないんですから」

ユーザーたちから怒りの声が上がった。彼らに変更を前もって報告していなかったこと、他には、彼らが今までとは違う働き方をしなければならなくなることに対するものだ。

ステイシーは客観的にはユーザーにとって好ましいプログラムを実施した。しかし、プラットフォーム全体に影響するルールの変更は、些細な問題ではない。特に、日頃よく利用しているユーザーにとっては一大事だ。しかも、タスクラビットは単なるプラットフォームではなく、そこに集う人々が所有意識を持つコミュニティだった。

人々が所有意識や当事者意識を持つ場合、自分にも情報が与えられることを期待するものだ。または、少なくとも一般のネット記事で読む前に、コミュニティに関するニュースは知っていて当然だと思っている。**コミュニティへの対応という点で後手に回ったために、ステイシーは図らずもユーザーたちの気持ちを損ねる結果になった**のである。

振り返ってみると、どうすべきだったか、ステイシーにははっきりわかるという。

「あの時点で、わたしたちのプラットフォームで仕事を見つけて収入を得ていたタスカーは、2万人を超えていました。そのタスカーたちを、わたしたちは情報伝達サイクルの一部として扱うべきだったのです。それなのに『タスカーたちは単なるユーザーなんだから、わざわざ知らせることないでしょ。他のみんながわかる頃には、タスカーたちもわかるわけだし』って言っていたんです」

この仮説をタスクラビットの経営陣は――たとえば、ユーザーもこのピボットに対する心の準備ができているかどうかを確かめることによって――テストすべきだった。

こうした反発を受けながらも、ステイシーとそのチームはこの新方式を堅持した。最初のうちは収益もユーザー数も減少したが、やがて顧客満足度は上昇し始め、それにつれて採算性も上向きになった。最終的に、彼女たちのピボットは成功したのだ。

さらに、ピボットをきっかけに、タスクラビットの企業文化も向上した。**重大な決定に際して、コミュニティメンバーの意志も尊重すべきだ**ということを――かなり痛い思いをして、ではあるが――学んだ結果、「タスカー・カウンシル」をつくった。

「カウンシルを構成するのは、タスクラビットに夢中なユーザー数名と、いつも何かしらの疑問を持っているユーザー数名です。わたしたちは、そのメンバーに『みなさんからの情報や意見が欲しいと心から思っています。そしてみなさんとの協力関係ができたら、その次にはぜひ、コミュニティの残りの人たちとも話せるように力を貸してください』とお願いしています」

そしてもうひとつ、思わぬ副産物が生まれた。タスクラビットがタスカー同士の競り合いを排除したとたん、互いに助け合い、情報を共有するタスカーのコミュニティが形成され始めたのだ。彼らは講習会を開き、ビデオを投稿して、互いにスキルを教え合うようになった。こうしたダイナミックな――構成メンバー全員に利益をもたらす――自己強化ループは、その後のタスクラビットに大きな影響力を与えることになる。

現在、タスクラビットはこの成長を続けるコミュニティのパワーを活用したトレーニングや能力開発を行っている。「タスカーのなかには講座を開く人たちもいて、わたしたちはそのタスカーたちに報酬を支払っています」とステイシーは言う。これは、単に個人のスキル向上に役立つだけではなく、タスカーの一部に、日々のタスクをこなす以上の目的意識と生きがい――そして、収入を――を与えている。

とりわけ、このコミュニティの真の威力をステイシーが思い知らされたのは、メンバーのひとりが自宅の玄関に現れたときだった。そのタスカーが電灯のスイッチを修理しにきたとき、ステイシーはその人物がしばらく前に誕生日ケーキを届けにきたタスカーであることに気づいた。そこで、ステイシーは彼にどうやってケーキ配達から電気の仕事に変わったのか尋ねたという。「タスクラビット・コミュニティのおかげです」と彼は答えた。

「そこの講座をいくつか受けて、自分でも勉強して、それで今は前の2倍くらい稼げるようになってます」

ホフマンの分析

いつピボットすべきか そのタイミングを知る方法

誰もが、自分には持って生まれたビッグでスケール可能なアイデアがあると思いたがる。人々はよくこう話す。

「2歳の頃には、自分が40歳になったら何をするかもうわかっていた」

だが、たいていの場合、これは作り話だ。計画は変わり、人々はピボットするものだ。だから、あなたはこう考えるべきである。

「自分にもそのときがきたら、賢く、そして早くピボットできますように」
といっても、もともとのプランやアイデアをすぐに諦めるという意味ではない。事がうまくいかなくなったとたん、慌てふためいて逃げ出してしまうという意味ではないのだ。要は、**ピボットするのはゲームの一部だと知っておくべきだ**ということである。

私は人々に、よく「大規模なピボットは、あなたが自分でつくったインベストメント・シーシス（投資判断に求められる数字の検証を補うために使われる資料）への自信を表すものとして考えるほうがいい」とアドバイスしている。

つまり、あなたもこう言ってみるといい。「この直感をモノにするために、自分には第2アイデアも第3アイデアも第4アイデアも第5アイデアもある」そして5つのアイデアを試し終わったら、すかさずこう自問しよう。「6番目のアイデアは、他の5つより良いアイデアかな？　それとも同等かな？」

もともと考えていたプランを実現させるために、ありとあらゆるアイデアをかき集めた末に、もう使えるアイデアが何もないと気づき始める。そのときがピボットするタイミングである。ただちに行動を起こそう。

人々は、よく考え違いをする。――「今の会社を閉鎖するときがきたら、そのときに何か別のものにピボットするつもりだ」と。
しかし、ほとんどの場合、その段階ではすでに手遅れだ。いずれにしても、市場から不意打ちを食らう前に動き出しておくほうが賢明である。

危機のさなかにピボットすること

もしピボットが予期せぬ展開や障壁に対応した急な方向転換と定義されるなら、2020年は「ピボットの年」と呼んでいいだろう。スタートアップは、資金の確保、雇用、製品やサービスの微調整、企業文化の構築など、スケーリングに不可欠な通常の課題に加え、さまざまな試練を乗り越えなければならなくなった。新型コロナウィルスに対する集団パニックから、景気の急激な落ち込み、消費者の可処分所得の減少、ソーシャルディスタンス確保などの感染対策にいたるまで、実に多くの困難に直面したのだ。

「ある意味、**起業家は苦難のときにこそ力強くなるようにできている**」とバズフィード(BuzzFeed)の創業者ジョナ・ペレッティは言う。「危機というのは、創業者主導の会社に味方するものなんだと気づいたんですよ。そういう会社のトップは、即興で何かをするのが好きな人たちだからです。彼らはみんな、第一原理を通して物事を考えるし、自分たちのビジネスを適応させ変化させることにまったく違和感ないですしね」

「今のこんな状況では」と彼はつけ加える。「これまでやってきたことを全部変えるつもりで、ついこの前まで存在していることすら知らなかったチャンスにも、どんどん挑んでいかないとダメだと思います」

これが創業者の強みを生かすことになる。しかも起業家には、そもそも苦労することに慣れているか、あるいは、むしろ苦労を楽しむことさえある。

ジョナの場合、バズフィードにとってビジネスの当たり年になるはずの1年が、パンデミックの影響で一転し、必死にやっても収支を合わせられるかどうかという苦戦の年となった。最大の痛手は、ウェブサイトに広告を出す企業が激減したことだったという。「みるみるうちに、何千万ドルもの広告収入が消えていったんです」

その結果、バズフィードは、約4000万ドル（約52億円）のコスト削減を断行しなければならなかった。そのためにジョナのとった手段は、国際的な拡張を差し控えて国内向けビジネスを再編成し、eコマースプラットフォームおよびプログラミングの収益に重点を置くことだった。そうしたなかでバズフィードは、eコマースへとビジネス転換をする企業からの協力要請を受け始め、結局、そうした取引先との関係を強化していくことになったという。

危機というのは、われわれに賢く機敏な決断を下すようにと圧力を徐々に強め、それと同時に、わずかのミスも許されない状況をつくり出すものだ。また、限られた資源を――われわれ自身の活力も含めて――より効率よく賢明に使うことがいっそう求められるときでもある。そしてリーダーという立場にある者にとっては、真にその役割を果たすべく、ぼろぼろに傷ついた隊列を立て直しつつ士気を高めなければならないときだと言えるだろう。

ワービー・パーカー（Warby Parker）の共同創業者、ニール・ブルメンタールは、この試練にさまざまな方法で立ち向かった。コロナ危機が勃発したとき、ワービー・パーカーは店舗および本社の大半を閉鎖しなければならなかった。しかしニールには、確実に顧客からの注文に応じるためにオンラインビジネスを維持する責任があった。「人々は、自分のメガネがちゃんと機能しないと毎日の生活が成り立たなくなるのです」と彼は言う。

そこでニールは、まずサプライチェーン（製品が原材料の調達から、生産・物流・販売を経て、消費者の手に届くまでの全過程）を安定させることと、商品の発送センターの処理速度を上げることに注力した。「そのあとの僕の任務は、スタッフを一時解雇したときの失業手当をどうするか決めること。その次に差し迫っていたのは、小売店を閉鎖している間の120店舗のリース契約をどうしたらいいかという問題でした」

店舗の再開に際し、ワービー・パーカーは来店者数を厳しくコントロールする措置をとり、さらに、来店客がメガネのフレームを試用する前後にスタッフがフレームを消毒するなどの「ショッピング中の感染防止ガイドライン」を定めた。

危機下におけるもっとも重要なスキルのひとつがコミュニケーションだということを学んだ、とニールは言う。「コロナ危機の前と比べて、2倍か3倍のコミュニケーションが必要なんですよ。しかも、そのコミュニケーションを単純化する必要もあります」

ニールとその共同創業者であるデーブ・ギルボアは、通常、週に1回の全社会議を開き、その議事録をスタッフ全員に伝えていた。「パンデミックが起きてからは、週に2回の短く簡潔な全社ビデオ配信に切り替えました。幹部チームは、火曜と木曜に集まることにしたのです。そうすると、全員が必要な情報を得たうえで意思決定ができますからね。ずっとオフィスに出勤しないで仕事をしていると、廊下で雑談する機会も消えるわけですよ。こういう情報満載のコミュニケーション形態を失ったことから、大きな問題が生まれることもあります。だから、それを補うために、より組織的で正確なコミュニケーションが重要なんです」

エアビーアンドビー（Airbnb）の共同創業者、ブライアン・チェスキーは、自社がコロナ危機による大打撃を受けたとき、将来へのこうした不安をかなり強烈に感じた。2020年の春先まで、「僕たちは株式を公開する準備を進めていました」と彼は言う。「ビッグな新プロダクトにも取り組んでいる最中でした。僕たちには計画があって、それが僕にはとても楽しみだったんです。それなのに突然、あんなことが起きて、まるで僕が船長を務める船の横っ腹に魚雷を撃ち込まれたようでした」

多くの人々が旅行を中止したため、ほとんど一夜にして、エアビーアンドビーはほぼ完全な営業停止状態に陥った。「最初は、パニックみたいな感覚に襲われましたね。僕は自分にちゃんと呼吸しろって言い聞かせました」

確かにどのリーダーも、こうした状況ではまずゆっくりと気持ちを落ち着かせ、自分の立ち位置を把握し直し、ストレスレベルに注意する必要がある。

しかしブライアンは、あまり長く落ち着いてはいられなかった。エアビーアンドビーが危機に対応できるように、彼は一連のピボットに乗り出す。

同社は、コロナ禍での一時的な移住先を探す人々の要求に応えるべく、1カ月以上の長期滞在型のサービスに重点を置いた。また、地域に密着した体験やバーチャル体験を提供するさまざまなサービスも開始した。リビングルームで開くコンサートから、ニュージーランドの羊牧場へのバーチャルツアー、さらにはサルサダンスを踊るバーチャルパーティまで、ブライアンは、これらの新たなサービスを、エアビーアンドビーの今後も長期に提供するサービスに加えられるものとして見ている。そして、人々がまた以前のように趣味の旅行を楽しめるようになっても、こうしたサービスの人気は続くだろうと期待している。

危機に対応しようとする人たちへの、ブライアンからのアドバイスは、「基本理念にフォーカスしてほしい。**あなたが成し遂げようとしていることは何か、組織として目指しているものは何か、そしてリーダーとしてもっとも重要なことは何なのかということについて思考せよ**」ということだ。

「物事がどうにもならない状況にあるとき、ビジネスに関する決断を下すのはとても難しいです。なんといっても、先の見通しの立てようがないですからね。でも、自分自身に問いかけることはできます。『この危機にあって、僕はどんなリーダーとして記憶されたいのか？』と」

パンデミックの影響で良い方向に変化したものがひとつあるとしたら、それは、大小の企業が完全なリモートワークに切り替えるメリットを実際に体験したことである。必要に迫られる以前から分散式のオフィスモデルを提唱していた企業も多い。数百名に及ぶ従業員を50数カ国に点在する小さな遠隔地のオフィスか自宅オフィスに分散させることによって、世界の至るところから最高の人材を容易に採用できるようになった。ただし、これは適切なやり方で行わなければならないことだ。「従業員の間に世界から隔絶されたような孤独感を引き起こしかねません」

ビットコイン・プラットフォームを運営するザポ（Xapo）の新入社員は、出社して勤務するとき以上にそれぞれの日々のルーティンを守る努力をするように、そして、仕事以外の生活空間とは切り離したワークスペースをつくり出すようにとアドバイスされている。

ワードプレス・ブログのプラットフォームを運営するオートマティック（Automattic）は、完全分散型の企業である。その創業者のマット・マレンウェッグは、「**分散型の企業であれ、対面型の企業であれ、その成否の鍵を握るものはほとんど同じです。それは、信頼とコミュニケーションと透明性と心の広さと、そして試行錯誤の繰り返し**」と指摘する。もし予期せぬオフィスの閉鎖でリモートワークを始めざるを得ない状況になったか、または意図的に週に何回か在宅テレワークをすることにしたとしたら、マットはこの状況変化を個人的なピボットを実行する好機として受け止めたほうがいいという。

「生活のいろいろな場面で、僕たちはある意味、初期設定のまま動いているようなところがあります。ズームアウトできる機会が巡ってきたら、一度よく見つめ直してみるといいんです。初心者の気持ちで、または新鮮な目で。それは仕事の環境に関係なく、誰にとっても大きなインパクトを与えると僕は思ってます」

ホフマンの分析

危機下では、まず人間的であれ

ビジネスが危機を乗り越えようというとき、何をするだろうか？　まず考えなければならないのは、ビジネスのことだけではなく、ビジネスに関わるすべての人たちのことだ。

危機にさらされたとき、何よりも重要なのは立ち止まってこう言うことである。「まず、私をひとりの人間に戻らせてほしい。ひとりの人間として、自分が従業員とコミュニティと社会に責任を持っていることを確かめたいんだ。そのために今、私は何をする必要がある？」

人々への思いやりと気遣いから始めるといい。会社と従業員のためだけではなく、コミュニティと家族と、そして社会全体のために。

起業家はビジネスを築き上げ、成長させることに全力を注ぐ。それは困難な課題だ。

常に不安がある。失敗もある。何か新しいものをゼロから創出するという実に厳しい試練がある。そして、目標を達成しようと全精力を傾けるがあまり、自分が「なぜそうするのか」をつい忘れてしまう。

そうすることによって新たなビジネスを、新たな仕事を、新たなプロダクトを、新たなサービスを創出できるからなのだということを自分自身に思い出させることが重要である。それこそが未来をつくる、何よりも意義深いものだ。

「プランB」を200%活用する

■シフト――変化に合わせて

特定のビジョンに焦点を絞り、その実現に向けた作戦を実行している起業家でさえ、テクノロジーや市場や世界情勢の変化に即して、常にシフトを変えなければならない。こうしたピボットでは当初のビジョンを断念する必要がなく、むしろ、彼らはそれぞれのビジョンに導かれるため、ピボットによってより多くの成果を得られる場合が多い。

■スイッチ――早期にフィードバックを

ピボットは、しばしば現状のビジネス形態において発生する。たとえば、会社がひとつの戦略から別の戦略へ転換するときだ。この場合に重要なのは、早期にフィードバックを得ることである。または、少なくともこうした変化について――スイッチを切り替える前に――できるだけ多くの利害関係者に報告するべきだ。

■ 進路変更――新たな可能性を見つける

予期せぬ状況変化の対応として行われるピボットもある。突然目の前に障害物が現れ、そのまま進めば衝突を避けられない場合や、あるいは、道の脇に興味をそそる収穫物が積まれている場合である。

このように、急に問題が起きたり、チャンスが巡ってきたりしたとき、その先に何があるかを見通すために進路を変えることによって、これから追求すべき新たな可能性が発見できるかもしれない。

■ 再起動――初めのミッションを離れるとき

ごくたまに、ピボットが企業のもともとのミッションから完全に分離することがある。このような大規模なピボットがうまくいく場合もあるが、何のトラブルも起こさずに再起動できることはめったにない。

■ リバウンド――危機のさなかにピボットする

歓迎されないピボットが、危機によって引き起こされることもある。しかし同時に、危機によってさまざまな機会が与えられる場合もある。――学び、実験し、そして現在のビジネスを改良する機会が。だから、危機をくぐり抜ける努力を続けながらも、常に将来に目を向け、このような問いかけをしよう。

「今のこうした縛りのなかで、どんなものがより新しく創造的な可能性につながるだろう？　どうすれば、ビジネスを――長期にわたって――もっとフレキシブルで強力なものに変えていけるのだろう？」

第9章

変化に対応しつつリードせよ

求められるリーダーシップとは？

彼女にとって、それは予期せぬ電話だった。

アンジェラ・アーレンツは、バーバリー（Burberry）のCEOとして本領を発揮していた。わずか8年で、彼女は英国の老舗ブランドの業績を見事に好転させたのである。同社の株価は200％に上昇し、収益も営業利益も倍増した。その変化があまりに劇的だったので、アンジェラは地元メディアによって、英国でもっとも稼いでいる重役と報じられた。

彼女とその家族は、英国での生活にすっかりなじんでいた。そして彼女自身は、今後5年間に収益をさらに倍増する計画を、取締役会で決定したばかりだった。

アップル（Apple）が電話してきたのは、そのときである。といっても、厳密には管理職スカウト会社が電話してきたのだが。

ともかく、アップルのCEO、ティム・クックは、小売部門の次の最高責任者は彼女しかいないと考えていた。「それで、わたしは言いました。『光栄です。ですが、わたしには世界一素晴らしい仕事がありますし、遂行中の任務もありますので、ご遠慮いたします』」

半年後、また電話がかかってきた。「あのですね、まだたったの半年ですよ。あれから状況は何も変わっていません。わたしとしては話し合いを持つ理由はひとつもないです。ああ、それからついでに申しますと、わたしにはロンドン市内の大学に通う2人の子どもがおります。そして、残りの人生をこの地で送ろうと考えている夫もおります。ですから、わたしのことはそっとしておいていただけませんか？　お電話ありがとうございました。でも、もうけっこうですから」

優秀な人材を確保しようとしているリーダーは、心に留めておくべし。粘り強さは報われる、と。またもアップルは連絡してきた。

「『とにかくティムとコーヒーを1杯飲むのはいかがですか？』と聞かれて、わたしは思わず『え、本当に？』と言い、それで少し考えました。『礼儀には反したくないし、傲慢な態度をとるのも嫌だ。彼は世界一ビッグなCEOなんだから』。それで結局わたしは、こう返事したんです。『わかりました。コーヒーを1杯だけなら』」

しかし、直接交渉に挑んだティム・クックにどれほどの説得力があろうと、アンジェラはびくともしなかった。彼女は何度も断ったのである。

「ティムにはこう言いました。『わたしはその仕事にふさわしい人間ではありません。あなたはわたしをご存じないのです。わたしにあるのは直感と、あとは創造性だけです。とてもストア経営者は務まりません』。すると彼は『我が社は、世界で一番利益を生むストアを運営している。そこには、たくさんの優れた経営者がいると思うんだがね』と言ったのです。それでわたしは言いました。『だけど、わたしはテック系の人間でもありません。プログラミングの経験もないんです』

そうしたら、とても穏やかに彼はこう言ったのです。『我が社には、そういう人材はそろっているんだよ』。それでわたしは、やっとわかりました。彼が本当に探し求めているのはリーダーシップをとる人間なのだ、彼が望んでいるのはチームがもう一度しっかりとまとまることなのだ、と」

アンジェラはどう決断すべきか苦悩し、自問もしたという。「完璧な人生を送っているときに、なぜ、それを誰かにひっくり返されなければならないの？」

しかし最終的に彼女は決心する。相手はあのアップルだ。イエスと言う以外にない。そして彼女は、ロンドンのファッション界を席巻する高級ブランドのCEOとしての役割を手放し、シリコンバレーの母船の舵取りに挑むことになった。アップル自体も、小売業界で優位に立ち、過去10年間で世界中の店舗数を4倍に増加していた。しかし**成長には、成長痛がつきもの**なのだ。

アンジェラのチャレンジ――アップルならではのマジカルな魅力を維持しつつ、早くからの熱心なファンと、最近になって愛用し始めた顧客との双方に対応する経営戦略をつくり上げること。これを成し遂げるには、大きなビジョンが必要だった。そして同時に、世界規模のチームをひとつにまとめられる指導者が必要だった。アンジェラは、このチャレンジに立ち向かおうと覚悟を決めたのだ。

さて、新天地に到着して彼女は何を思っただろう？

「大失敗だわ」

アンジェラの率直さは驚きに値する。

ひとつの組織から別の組織に移るのは、どういう場合でも――アップルとバーバリーのように異なる業種となれば特に――容易なことではないはずだ。それが困難なのは、ルールにも目標にも、仮説にも、そしてコミュニケーションにも違いがあるからである。

「まるで火星に行くような感じでしたね」とアンジェラは言う。「まるっきり別の言語を使っているみたいで……。最初の3カ月か4カ月かは、どうしようもなく不安でした。でも、開き直るしかないですよね。わたしが何もかもすべてできるようになるなんて無理なことだし、そもそも、彼らがわたしをここに呼んだのは、そんなふうに全部を習得させるためじゃない。彼らがわたしを呼び寄せたのは、わたしの才能に対してで、わたしがフォーカスすべきは、それを応用すること。**最初の半年は、どこでも難しい**んだ。そんなふうに思ったんです。それで、やっと気がつきました。自分らしく自分のやり方でやっていくしかない。きっと、彼らはそのためにわたしをここに来させたんだ、と」

アンジェラは部隊を招集し鼓舞する前に、自分自身を鼓舞しなければならなかった。急成長する組織のリーダーなら誰でも、彼女の話に共感することだろう。彼女がバーバリーからアップルに移籍して受けた衝撃は、リーダーたちが自身の会社のスケールする過程で感じる当惑とあまり違わないからだ。

ビジネスを成長に導くリーダーシップ、そして、ビジネスがある程度まで成長してからのリーダーシップは、リーダーが絶えず適応し進化していることを意味する。ひとつだけのスタイルやアプローチを取り続けるのではなく、常に自身の変化を通じてリードしなければならない。

アンジェラがアップルの小売・オンラインストア最高責任者に就任してから約3カ月後のこと。7万人の従業員に向けて自己紹介を兼ねた一斉メールを送信してはどうかと提案されたとき、アンジェラは他のアイデアを思いつく。

3人の10代の子どもをもつアンジェラには、若い世代の従業員とコミュニケーションをとる方法として、文字中心のメールは最適ではないとわかっていた。「我が子たちがアップルストアにいたらどうするかと考えてみたんです。メールは読まないな、と思いました」と彼女は言う。「だから、わたしは『メールではなくて、動画にしましょう』と言いました」

「我が社では、動画配信はしません」と彼女は断られる。

「わたしは言いました。『いいえ、動画にします。そして、撮影用のスタジオもヘアもメイクも不要。iPhoneを使いましょう。話のポイントは3つまで、時間も3分以内。編集もなし』」


こうして、アンジェラは自身のデスクから従業員へ向けた最初の動画を、iPhoneで録画した。

「ただこう言いました。『こんにちは。挨拶が遅くなってごめんなさいね。でもこれから、こんなふうに毎週1回、動画でお話しするつもりです。なぜかというと、皆さんにわたしたちのプランがどんなものか、何を目指しているのか、わかっていてほしいからです。わたしは、皆さんとつながっていたいと思っています』」

録画が始まって1分ほど経った頃、アンジェラの電話が鳴り出した。かけてきたのは彼女の娘。録画は続いていたが、アンジェラは電話に出て、こう言った。「2分後にかけ直すから待っててね」そして、彼女はアップルの従業員たちへの動画メッセージを再開した。

録画が終わると、スタッフのひとりが電話の部分を編集カットしたほうがいいと提案した。「アップルの動画配信は完璧じゃないといけませんから」と、そのスタッフは説明したという。

「わたしは、こう返事しました。『いいえ、完璧である必要なんてないわ。それよりも、わたしが本物だってことを知ってもらう必要があるの。それと、わたしが我が子を第一に考えているることも知らせておくほうがいいわ』

翌日、わたしのもとに500通くらいのメッセージが届きました。どれも、わたしが娘の電話に出たことに感心し、賛同しているという内容だったのですよ」

こういう具合に、アンジェラはアップル社内の新たなチームメンバーとのつながりを築き始めた。そうした絆がなければ、斬新さとスピードが成功の鍵を握るビジネスに変化をもたらすことはできないとわかっていたからだ。**スタッフが7万人だろうと7人だろうと、リーダーが固く結束したチームをつくり上げるために不可欠なのは、崇高なミッションと日々の人間的な触れ合いである。**アンジェラは、その両方を少しずつ3分の動画に詰め込むことができたのだ。

アンジェラには、以前、バーバリーのCEOとして大胆な方針転換を遂行し、長年続いていた販売不振を打開するという驚異的な実績がある。彼女は、リズクレイボーンの幹部役員として活躍した後にバーバリーに迎えられたが、間もなく、そこで働く1万1000人の従業員が経営者にあまり期待していないことに気がついたという。その頃にはもう、バーバリーはすっかり時代遅れのブランドと見なされていた。

アンジェラと主幹デザイナーのクリストファー・ベイリーとの一致した考えは、バーバリーの「英国的」な特徴を強化するために、2人にできることは何でもするということだった。やがてアンジェラは、すべてに影響を与えるであろう決定的な要因をひとつ見つけ出す。あらゆる二次的な決断は、このひとつに集約されるべきだと彼女は考えた。

それは、モデルの人選からバーバリー全店で流れる音楽まで、すべて純英国スタイルに統一することだった。

さらにアンジェラは、従業員の向上心を掻き立て、彼らの仕事に対する目的意識を高められる何かが必要だとも考えた。そしてこの名門ブランドに新たな要素を加えようと決断する。こうしてバーバリー基金は設立され、あらゆる売り上げから利益の一部が基金に回されることとなった。社会的な大義を支援するために。

こうした新たな計画を実施し始めて半年ほど経った頃、彼女は会社のリーダーに行動を起こすように直接会って話をするときが来たと判断する。そして200人の上級役員を世界中から招集し、オフサイト会議を開いた。その場で討議されたのは、バーバリーの経営を好転させるための新たな計画と戦略についてだった。そしてこのとき、アンジェラは自分が本気であることを役員一同に示した。

彼女は立ち上がって、こう言った。

「よろしいでしょうか、これがわたしたちのやろうとしていることです。みなさんのなかには懐疑的な方もいらっしゃることは承知しています。当社にて長い職務経験をお持ちの方は、従来通りのやり方がベストであるとお考えかも知れません。ですが、それは結果を出していないのです」

そしてここで彼女は衝撃のひと言を発する。

「もしよろしければ、わたしは喜んで会議終了後にみなさんと個別にお目にかかり、最高の退職金を提示したいと思っています。それがお望みでなければ、わたしたちがこれから取り組んでいくことすべてに100%の確信をもって、ここから退出なさってください」

厳しい状況を打開するためとはいえ、このような毅然としたスピーチをするリーダーは多くはいないだろう。しかし実際には、**新たなミッションが提起される際には人々は率直で明快な物言いを好む**ものだ。そしてアンジェラは、**全員が一丸となって取り組まないかぎり、窮地を脱することはできない**とわかっていた。

この会議を突破口にして、アンジェラは世界中のチームとより密接な関係を築き始める。リズクレイボーンにいた頃、彼女は同社のCEO、ポール・シャロンから、チームメンバーとの絆について重要な教訓を学んだ。彼はいつも自ら従業員のオフィスに顔を出しては、部下と直接会話を交わすことで知られていた。これと同じことをアンジェラはバーバリーで実行した。さらに彼女は、従業員の業績を祝うことも重視した。世界中のマネジャーと従業員を対象に表彰プログラムを設立し、その式典に出席するために世界のあちこちへ飛び回った。そうした式典の模様は、全従業員が見ることができるように、社内ニュースとしてウェブ上に掲載された。また、アンジェラは部門別の業績を称える動画をつくり、取締役会で上映したという。

しかしもっとも士気を高めたのは、続々と入り始めた結果報告だった。バーバリーの各店舗が売り上げ上昇率を2桁に伸ばし始めたとき、アンジェラがリーダーとして正しいビジョンを持ち、実質的な効果をもたらす戦略を打ち出していることが誰の目にも明らかになったのである。

ステージごとに新しい挑戦を

ティム・クックの注意を引いたのが、バーバリーでの彼女の成功だった。最初、アンジェラはアップルへの移籍に気乗りしなかったが、結局のところ、ティムが突きつけてきたチャレンジに抗《あらが》えなかった。

創業時から、アップルストアはほとんど伝説的な地位を築き、熱烈なアップルファンにとって憧れの場所となっていた。しかしブランドとして定着し人気が高まるなか、アップルのカスタマーベースは拡大し、そして様変わりした。今、彼女が挑もうとするチャレンジは、これまで通り、デジタルデバイス好きの人々にとって魅力的でありながら、同時に、より多数の顧客集団を惹きつけるストアの構築である。

これを達成するには、大きなビジョンが必要だろう。しかし、言語の障壁や時差や、さらに地理的な違いによっても分断されている小売チームを、日常的かつ直接的に調整することも必要である。そうした結束の強化に大いに役立ったのが、アンジェラが始めたiPhoneによるビデオメッセージだ。彼女は4年間、毎週欠かさず――世界のどこに出張しようと、その旅先から――ビデオを録画・配信し続けた。また、彼女は世界中のアップル支社の上級役員をひとつのチームにまとめるため、彼らとの定期的な面談も実施した。

さらに、アンジェラはアップルストアのネットワークをより人間的に触れ合えるものに変える取り組みにも着手した。たとえば、異なる店舗で働く人々がつながりを持ち、ともに問題を解決できるようにデザインされたアプリの開発である。

アップル直営店すべてに彼女が提起したミッションは、もともとはティム・クックの言葉に触発されたものだったという。「ティムは口癖のように『アップルの小売部門は、これまでずっと、ただ商品をたくさん販売することだけを目指していたわけじゃないんだ』と言っていたのです。販売だけじゃないとしたら、何を目指すんだろう？　とわたしは考え込みましたね」

彼女が行き着いた答えは？　コミュニティとつながりだった。やがてアンジェラは、『トゥデイ・アト・アップル（Today at Apple）』を発足する。これは、世界中のアップルストアで毎日開催される、学びと実践のプログラムだ。その目的は、第一に地元コミュニティにおける人々の交流とつながりを促進すること、第二に新規ユーザーにプロダクトの操作方法を実地に手ほどきすることである。

『トゥデイ・アト・アップル』は、カスタマーだけではなくビジネスにとっても良いプログラムだった。ストアで働く人々にさらなる目的意識を与えるものだったからだ。それは地域の人々の生活を豊かにするために、自分のスキルを生かしているという実感だ。

「直営店チームに、わたしたちはこう話しました。『あなた方は、それぞれの地域共同体の心臓部です』」

この役割を果たすために、大きな発言権が与えられたのは各ストアの店長だった。そうして生まれたさまざまな独自プログラムには、地元の教員たちが毎週火曜日に集まって教室で使うアプリについて学ぶ定期イベントも含まれる。また、一部のストアは『ボードルームズ』なるものを開催し、地域の個人事業主たちに業界リーダーの話を直接聞く機会を提供し始めた。さらに土曜の朝には、テレビでアニメを見る代わりに、子どもたちは『アワー・オブ・コード（Hour of Code）』（約1時間でプログラミングの基礎を学習できるツール）を使ったプログラミング体験教室に参加できるようにもなった。

この他にもまだ、アンジェラがアップルストアにもたらした変化はいくつもある。たとえば、従来のレジカウンターを廃して、代わりに店内を歩き回るカスタマーサービス係が商品の購入にも対応するようになった。

アンジェラは『トゥデイ・アト・アップル』が自身の代表的な業績だと考えている（彼女は、2019年にアップルを去り、現在はラルフローレンとエアビーアンドビー両社の取締役を務めている）。たしかに、これは彼女のリーダーとしての才覚が遺憾なく発揮された功績である。

そして個人を代表する業績の例にもれず、このプログラムはアンジェラの退職後も着々と進化し続けている。彼女はついに、世界中のスタッフをひとつのチームにまとめたわけだ。

ひとつのミッションを掲げ、それに向けて全員が結束して取り組むよう鼓舞し、そして、メンバーがそれぞれに使命感と主体性を持つに至るまで導いたのである。

ホフマンの分析

一定の声を維持し、コミュニケーションを強化せよ

企業が犯しがちなもっとも一般的な間違いのひとつは、成長するにつれて一定の声が人々の耳から遠のいていくことだ。

これはたとえば、何百人——あるいは、何千人——という新入社員が加わったときに起きる場合もあるだろう。**社員が増加し続けると、従業員全体とリーダーとの距離が広がり、その結果、声がほとんど聞き取れない者も出てくる。そして彼らは「何」については理解できても、「どのように」がはっきりとは捉えられなくなる**のだ。

つまり、自分の仕事の内容と会社が何をしようとしているかはわかっても、会社がどのようにそれを成し遂げようとしているかはわからないということ。この「どのように」は、会社の文化と価値観に関する問題で、明快に伝えられるべき事柄である。

成長の規模が小さいうちは、組織自体もそれほど大きくないので、声はリーダーからメンバー全員に直接伝わるだろう。しかし会社が急速に成長し始めると、こういう会話

は不可能になる。リーダーは、単純に、1対1で全従業員と関わる時間を日中に確保することができなくなるからだ。**代替策として、リーダーは1対多数のコミュニケーションツールを使い始める必要がある。**

アンジェラ・アーレンツは、アップルの従業員に定期的な動画メッセージを配信し、エアビーアンドビーのブライアン・チェスキーは、毎週日曜日に全従業員宛てに――彼自身の考えているもっとも重要なことを共有するために――電子メールを送信している。

このようなコミュニケーションには、言葉以上のものが必要だ。リーダーが会社の文化と価値観を強化するという一貫した態度を行動で示すことによっても維持されなければならない。たとえば、多くの組織が人々を褒賞するとき、その人々がどのように成果を出したのかを問題にせず、ただ成果を上げた事実のみに着目することがあるが、本来なら、リーダーはこう問うべきである。「彼らはわれわれの文化と価値観に一致したやり方でそれを成し遂げたのだろうか?」

何を成し遂げたのかだけではなく、どのように成し遂げたのかということを重視している点を、大きな声で、そして何度も発信することが必要なのだ――とりわけ、会社が急速にスケールしたため、リーダーが5000人、1万人、あるいはスタッフが大所帯になればなるほど、スタッフとリーダーとの距離も大きくなる。これはつまり、リーダーは声をもっと強く、そしてもっと頻繁に響かせなければならないということである。

どんな声も真摯に受け止める

今や世界屈指のヘッジファンドであるブリッジウォーター・アソシエイツ（Bridgewater Associates）の創業者、レイ・ダリオは、40年以上にわたり、「建設的な不同意」を自社の根本原理としている。レイは、アパートの1室をオフィス代わりにして開業したブリッジウォーターを、1600億ドル（約21兆円）以上の運用資産と約350社の法人クライアントを有する世界最大のヘッジファンドへと成長させた、伝説的な指導者である。

しかし彼は、真っ直ぐな一本道をたどったわけではない。

物語の始まりは、1982年10月に遡る。場所は、合衆国連邦議会の本会議場。レイは、紺のスーツとストライプ柄のネクタイを身に着けた新進気鋭の、グローバル・マクロ戦略型投資家だった。彼が注目を集めたのは、メキシコが外債のデフォルト（債務不履行）を申し立てることを予測していたからだった。彼の目には、世界的な債務危機の到来が――続いて起こる深刻な景気後退と、経済全体の崩落さえ――見えていた。こういうわけで、連邦議会は彼にこの問題について証言するよう求めたのだった。

未来をこのように予測していたのは、レイひとりではなかった。『通貨が崩壊する』(ジェローム・F・スミス著)という本は、ヒットチャートを急上昇していた。ホワイトハウス内では、ロナルド・レーガン大統領に永久的な景気後退への対応策に関するメモが渡されていた。こうした状況下で、レイは一般国民に対して警告を与える役割を担っていたのである。

彼は自信を持って大きな声で証言した。そして、自分自身の投資資産をこの未来の景気低迷に賭けた。

ところが……。

「あれほど読み間違えたことはなかった」とレイは言う。「あれが株式市場の完全な底値だったんだ。その後、強気市場に変わったんだよ。私は運用資産を失った。私個人のも、クライアントのもね。当時はまだ小さい会社だったが、スタッフ全員を辞めさせなければならなかった。私はひとりきりになったんだ。そして家族の生活費も賄えなくなり、父から4000ドル借りなきゃならなかった」

レイと会社にとって壊滅的で屈辱的な失敗だった。

今になって振り返れば、彼がなぜこういう間違いを犯したのかは容易にわかる。ひとつのパターンが見えてきたとき、全体像が見えたと思い込んだのだ。彼には何か見落としたものがあった。そのために、連邦準備銀行が通貨政策を緩め、それによって市場が高騰して80年代の好景気につながることを予測できなかったのだ。

彼の間違いは理解できなくもない。しかし避けることはできたはずだ。もし誰かに相談していたら、もし大きく賭ける前に自分の仮説を試せるステムをつくっていたら、少なくとも大損を防ぐことはできたかもしれない。手短かに言えば、彼に必要だったのは人々から誤りを指摘されることだったのだ。

レイは1982年の窮地から徐々に脱し、やがてブリッジウォーターの業績が回復すると、まもなく事業拡大を開始する。彼は二度と同じ間違いを犯さないと固く心に決めていた。「ミスをするのは構わないが、そこから学ばないのは最低だという行動原則を決めたんだ」と彼は言う。

「賢くて、私にやすやすとは同意しない人たちをどうやったら見つけられるのだろう？」と自身に問いかけながら、レイはチームメンバーと率直な意見をぶつけ合う方法を改めて思い描いた。そして彼らにこう告げた。「どんな組織でも、また、どんな人間関係でも、人は互いにどういう態度で接するべきか決める必要があると思う。そこで、私は君たちに徹底的に真実を告げ、徹底的な透明性を貫こうと決めた。だから君たちも、私に徹底的に真実を告げ、徹底的な透明性を貫いてもらいたい」

「徹底的な透明性」は、その後、ブリッジウォーターの組織原則になり、レイ個人にとっては指導者としての行動原則にもなる。いかなる状況でも、いかなる相手に向かっても、何事も隠し立てせず真実を語ることが組織のなかで定式化されたのだ。この方式の背景にあるアイデアは単純だった。それは、常に成功へとつながる決定を下すことである。

徹底的な透明性が機能を発揮するには、組織内の人々が――とりわけ、決定権を持つ者たちが――何らかの決断を下すたびにその理由をはっきりとオープンにする必要がある。レイは、すぐにその模範となる行動を開始した。

何かを決断すると、彼は毎回欠かさずあとから見直し、その決定を導いた基準や原理を文書として記録し始めたのだ。こうすることで、「自分の頭のなかもはっきりするし」とレイは説明する。「それに、他の人たちに伝えることもできるようになる」

さらにレイは、自身の見直しのプロセスもすべて社内の人々に公表した。――録音テープ、ビデオ、文書記録など、日々起きている事柄の背景にある原理原則を説明するものすべてを。

従業員はこれを見て、自ら決断を下す際にこう自問するようになった。「この判断は道理にかなっているだろうか？　何か別の方法もあり得るだろうか？」こうしたことから、原理原則にまつわる集団的な討論が社内に生まれるようにもなった。
かといって、スタッフがこうした決定を無視したり、または、自分たちで勝手にルールを選んだりすることができたわけではない。レイが提起した原則には、このような重要ポイントも含まれている。「**人々が不満もアドバイスも口に出して、大っぴらに討議する権利と、決断を下す権利とを混同しないように注意せよ**」

全員が対等に討議することに難色を示す組織も一部にあるが、その共通する理由は、その種の討議によって社内に混乱が起きたり、あるいは、完全に線引きがなくなってしまったりすることにある。しかしそうした事態も、リーダーがあくまでも重要な要件については決定権を持つということが明示されれば、容易に回避することができる。ただし、**リーダーたちは同時に、社内のどこの誰からの意見だろうと、その声を真摯に受け止める姿勢を貫かなければならない。**

レイが自社の原則を文書として記録し、公開し続けていると、次第に、それらの原則が一人歩きするようになった。社内文書だったものがダウンロード可能なＰＤＦファイルとなり、社外にも拡散され始めたのだ――そしてやがて、約３００万回もダウンロードされることとなった。

そして最終的に、それはベストセラー書籍『PRINCIPLES《プリンシプルズ》　人生と仕事の原則』になり、そこからさらにｉＰｈｏｎｅアプリや児童書やインスタグラムの人気アカウントが生まれた。

ここで留意すべきなのは、人々からの自由な発言を歓迎すると、場合によっては、聞きたくないことまで聞かなければならなくなるということだ。あるとき、レイにこう進言する同僚が現れた。

「あまりにも明け透けな物言いをしていると、ときにはそれが手厳しい批判に聞こえることもあり、そして実際に、一部のスタッフのやる気をくじくことになっている」

皮肉にも、レイの同僚がこのことを包み隠さず伝えることができたのは——もちろんレイがこの話に耳を傾けた事実——「徹底的な率直さ」と「建設的な不同意」という会社の根本原則が機能している証拠である。

それでも彼は、どこか微調整すべきところがあると考えた。会社がさらに不同意と批判を建設的でポジティブなものにするためのガイドラインを定めようと思ったのだ。

たとえば、反対意見を持つ側は、２分間という制限時間内でその意見を述べなければならず、また、社内の誰かに調停役を依頼しなければならなくなった。さらに全員がレイも含めて他者への批判をポジティブな言葉で表現することが推奨されている。たとえば、「失敗」は「学ぶ機会」と置き換えるのである。

徹底的な透明性を最大限に生かすには、レイによると、**率直に本音を言うときにも互いに**

尊敬し合い、互いの考え方に興味を示し、そして――たとえ意見は違っても――同じチームの一員であることを常に念頭に置いておくことだという。

フェイスブック（Facebook）のシェリル・サンドバーグも、このアプローチの支持者だ。彼女は、**組織内の人々の正直な意見を尊重するのはリーダーの義務である**と確信している。なぜなら、人々は自分が自由に発言してもいいと思わないかぎり意見を出すことはなく、そうなれば、リーダーは重要な情報を取りこぼしてしまうからだ。

シェリルがこの教訓を学んだのは、フェイスブックに加わる何年も前――グーグル（Google）初期――に、グーグルの成長を加速させる広告収入システムを構築するために、エリック・シュミットに採用されたときだった。そして、システムを構築するのに必要だったのは、チームを構築することだった。

シェリルは、４人だけのこぢんまりとしたチームから開始した。４名はそれぞれに、いずれチームの人員が増えるにつれてチーム全体の様子も変わるだろうと不安を感じていた。そこでシェリルは最初に彼らに向かって、チームメンバー全員に新規採用の面接を担当させると約束した。

２週間後、チームのメンバー数は3倍に増え、採用面接に12名がそろって同席するのは困難になった。「結局、わたしが皆にスケールアップについて安心させるために約束したことを

1週間後にはもう取り下げてしまったのです」と彼女は言う。

チームの人員はさらに増加する一方だったが、シェリルは何とか新規採用者全員の面接を自ら行い続けた。しかしついにメンバーが100名に達したとき、面接を待つ長蛇の列が採用プロセスを滞らせていることに気づいた。そこで彼女はミーティングを開いて、こう言った。「面接をわたしが実施するのはやめるべきだと思うの」

彼女としては、皆がいっせいに「そんなの絶対ダメですよ。シェリルさんは素晴らしい面接官なんですから。チームに加わるメンバーについては、ひとり残らずシェリルさんが採用しなければ」と言うものだと思っていた。

しかし実際は「なんと、拍手喝采が起きたの。それでわたしは内心思いました。『わたしがネックだったんだ。そしてそのことを誰もわたしに言わなかった。それも、わたしの責任だ』と」。

注目すべきは、シェリルが採用担当から下りると言って拍手喝采されたことを気にするのではなく、その前に誰ひとり本当のところを彼女に告げなかった事実を重く受け止めたことだ。

「正直に発言しても大丈夫だという雰囲気を、わたしがつくらなければならない。そんなふうにやっと思い至ったのです」とシェリルは言う。

これは、起業家なら特に心に留めておくべき教訓だろう。先見性と独創性のある創業者――自身のビジョンに意識を集中させる者――が、常にコミュニケーターとしての優れた資質も備えているとはかぎらないからだ。

ホフマンの分析

建設的な論争を効果的な戦略に活用せよ

古代ギリシャの哲学者ソクラテスは、2人の人間が互いに言い争う形の「対話」には批判的な思考を促進する効果があると提唱したことで有名である。

やがて「ソクラテス式問答法」と呼ばれるようになった彼のアプローチは、仮説がたったひとつになるまで両者が問答を延々と繰り返していくというものだ。討論は熱を帯びることもあるが、両者ともにより深い真理を求めて相手に異議を唱えていることを理解していた。

だがおそらく、ソクラテスが自身の到達した信念により、そしてその信念をアテネの若者たちに広めた罪により死刑に処せられたことはあまり知られていないだろう。

このように、既成概念に対して異論を呈するという行為は、常に世間の人々に受け入れられるものではないのかもしれない。しかし私は、**建設的な論争を活用するのは良いアイデアであるだけでなく、意思決定プロセスにおいて必要不可欠なものである**と考える。厳しい質疑や反対意見に対峙《たいじ》せずして、効果的な戦略や進むべき方向を決められるはずがないからだ。

思慮深いリーダーには、意見の対立を糧にして成長するという共通点がある。なぜなら反対意見によって、彼らは自身のアイデアを改良するのに必要な情報を得ることができるからだ。

人によっては、意見の衝突が精神的な苦痛やストレスの原因になることもあるだろう。しかし私は、建設的な批判を歓迎することはリーダーの仕事の一部であると確信している。

優秀な人材を育成する

ここまで見てきたように、成長する企業のリーダーには、ミッションを決定し、組織の基調を打ち出し、異なる性質の問題や人々をつなぎ合わせて、混乱した職場環境に少なくとも一定の秩序をもたらすという困難な任務がある。

しかし、マリッサ・メイヤーがグーグルの20人目の社員として、そして初の女性エンジニアとして採用されたとき、彼女に課された試練はまた別の類いのものだった。当初から、グーグルは急速に自社を次のレベルへと導く、臨機応変で多種類の技能を持つトッププレイヤーの集団を必要としていた。言葉を換えれば、グーグルにはスター軍団が必要だったということだ。ところが、そのような軍団を見つけて雇い入れる時間がなく、結局、マリッサが自力でスターをつくらなければならなくなった。

当時のグーグルには、さまざまなプロダクトや機能に取り組む小さなチームが数多くあった。新たなサービスを公開する段階になると、これらのチームはよくマリッサにデザインや技術的な微調整に関するアドバイスを求めた。こうした要請に応じるうちに、彼女は徐々に社内のあらゆるプロダクトとあらゆるチームの状況を正確に把握できるようになった。また、彼女はグーグルのシステムがどのように機能しているかを知り得た数少ないメンバーのひとりだった。

会社がますます複雑になるにつれ、さらに緊急な課題も生まれた。グーグルには、もっと多くのプロダクトマネジャーが必要になったのだ。急激に範囲を広げつつあるプロダクト開発のあらゆる側面をカバーできる、極めて有能な人材が。


マリッサが上司のジョナサン・ローゼンバーグと、ある歴史的な賭けをしたのは、このときである。「ジョナサンは、MBA取得者のなかでも経験豊富な人たちを雇いたいと思っていました」とマリッサは回想する。「わたしは彼に、わたしなら大学新卒者を採用して、グーグルの優秀なプロダクトマネジャーに仕込めると言い切ったのです。そして、このほうがずっと手っ取り早い方法だ、と」

マリッサが最初に雇い入れたのは、当時22歳の大学を出たばかりのブライアン・ラコウスキだった。マリッサは彼を何のプロジェクトに入れたのだろう? なんと、Gメール全体を彼の担当にした。彼女は他の新規採用者も同じように責任重大な部署につかせた。「わたしたちは新人を次々に、非常に大がかりなプロジェクトの担当にしていったのです。彼らは間違いなく、世界で一番ストレスを抱えた22歳と23歳の若者だったでしょうね」

マリッサは、この厳しい試練を「アソシエート・プロダクト・マネジャー(APM)」プログラムと命名した。当初から、グーグルのAPMプログラムは、新プロダクトマネジャーを多数のプロダクト開発に関わらせることを意図して設立されたものである。このプログラムの中心的な任務は、1年ずつのローテーションを組んで、新プロダクトマネジャーを別の部門に配置換えすることだった。

人間は本来、ひとつの仕事を習得したら、しばらくはその仕事を続けたいと思うものだ。だから、APMメンバーたちも最初は1年単位のローテーションに抵抗した。しかしマリッサはこの好機を活用すべきだと指導し、そして彼らがそのメリットを理解できるようにと、『マッドリブズ（パーティゲームとして有名な、言葉を使った遊び）』に似たエクササイズを考案した。APMメンバーは、配置換えのたびに次のような文章の空所に記入するよう求められたという。

「私は過去にXをしていて、今からはYをする予定です。そしてこの異動により、私はZを学ぶつもりです」

具体的には、たとえば「私は過去に［アドワーズ］に携わっていました。そして、ただいま［検索］に配属されるところです。この異動によって、広告主をユーザーとして持つ場合と、消費者をユーザーとして持つ場合との違いについて学ぶつもりです」となるわけだ。

グーグルのAPMプログラムは、極めて順調に、同社がまさに必要としていたプロダクトマネジャーを続々と輩出するようになった。その一方で、このシステムにより、グーグル全体にアイデアが広く提起されるようにもなった。新たなプロジェクトに人材が投入され、また、現存するプロジェクトに新たな考え方が持ち込まれたからである。

「さまざまな分野に携わるということは、たとえば、ユーチューブの誰それとか、ソーシャルネットワーク関連の彼とか、インフラ関連の彼女とか、いろいろな分野の人たちと知り合いになるということなんです」とマリッサは言う。「このプログラムは、会社組織全体をつなぎ合わせるという点で、本当に素晴らしい役割を果たすようになりました」

プログラムの1年目、２００２年にマリッサは8名のＡＰＭを雇い入れ、２００８年までに、毎年20名のペースで新ＡＰＭを採用するようになっていた。現在までにグーグルのプログラムを体験したＡＰＭは５００名を超えるという。ある賭けから始まったこのプログラムは、グーグルにおけるもっとも素晴らしい成功のひとつだ。

マリッサの成功には、リーダーとしての重要な特質がもうひとつ示されている。それは社内で優秀な人材を育成する能力である。

スターを雇い入れるのは高くつくうえに、ときにはそれがまったくできない場合もある。なぜなら、スターの数は極めて少ないし、また、タイミングよく適切な人材を見つけられないこともあるからだ。さらに、**絶えず外部の人間を社内に迎え入れる場合と、社内で人材開**

発に取り組む場合とでは、企業文化の構築と強化の方法も違ってくるだろう。ちなみに、多種多様な会社で若い人材を開発することで有名なバリー・ディラーも、こう明言している。

「**上級職を雇うようでは、リーダーとして失格だ**」

マリッサがグーグルで育成したスターたちは、やがてテック業界の他の企業へと飛び立ち、2012年にはマリッサ自身も同様にグーグルを去り、ヤフー（Yahoo）に入社する。これは、われわれが現在当たり前のように使っているオンラインサービスの多くを先駆的に手がけた会社である。しかし経営は徐々に悪化し始め、さらにCEOも相次いで交代するなか、マリッサが移籍した頃には組織的な立て直しが急務となっていた。

こうした苦しい状況の真っ只中にあって、マリッサが完全に新たなチームを大規模に採用することは不可能だった。しかし、現在の従業員たちを彼女の必要とするチームに育て上げることはできる。

ヤフーにあった問題は、人材不足ではなかった。むしろ人材は豊富にあることを、マリッサは早くから感じ取っていた。問題は、それがほとんど休眠状態にあることだった。スタッフの才能や創造力を活性化させるエネルギーや情熱が、幾重にも重なる官僚的な形式主義や長年の不適切な運営体制によって封じ込められていたのだ。移籍して数日後に、ある従業員がマリッサのところに来て、こう言ったという。

「僕たちはずっと何年も、リーダーシップを発揮する人を、判断力のある取締役を待っていました。やっと今、ゴーサインが出たと考えていいのでしょうか？　これから僕たちは実際に何かをつくってみても良いのでしょうか？」

マリッサは彼に、その通り「ゴーサインは出ている」と請け負った。そしてこのとき、彼女は自分がヤフーに来たのは、社内にある諸々の障害物を取り除いて、スタッフがそれぞれのアイデアを具体化することに集中できる環境を整えるためだと気づいた。

リーダーとは「道を塞ぐ障害物を取り除く」者だという考えは、マリッサがグーグルでの元上司、エリック・シュミットから学んだことだった。彼女は、エリックがよく言っていたことを覚えている。

「リーダーは、もう直接自分の手でプログラミングしたり製品のデザインをしたりすることはないだろう。**リーダーの任務は、チームに方向性を示して、メンバーの進行を邪魔するものをひとつ残らず片づけることだ。**彼らが立派な仕事をやり遂げられるように、それを阻む物はリーダーがあらかじめ取り除いておかなければならない」

リーダーシップをこのように考えるのは、言い換えれば、リーダーは他のメンバーを輝かせるために、自分自身は地味でつまらない仕事を引き受けなければならないということだ。

これは典型的な「サーバント・リーダーシップ」だと言えるだろう。**リーダーが従業員を支配するのではなく、むしろ「奉仕者《サーバント》」として、彼らの抱えた問題や必要性を理解し、その解決を支援する**という考え方である。

マリッサは、ヤフーのチームの進む道を塞いでいる壁や枯れ木を取り除く仕事に即座に取りかかった。彼女が起こした最初の行動は、ヤフーに根づく過剰な官僚的形式主義によって生まれた障害物を特定する人物を任命することだった。

「わたしたちはまず、スタッフが意味不明だと感じる形式的な手続きの実態を把握したいと思いました」とマリッサは回想する。

そこで毎週開かれる『PB&J（process, bureaucracy, and jams の略。bureaucracy は「官僚主義」の意味）』というミーティングで、社内の誰もが実際の問題を提起し、その解決策を提案できるようにした。

これらの取り組みが功を奏して、ヤフーは徐々に組織として適切に機能し始め、さらに問題解決の一端を担うスタッフに自信と意欲が生まれ始める。

さらにマリッサは、ヤフーでも新たなアイデアが積極的に提案されることを望んだ。しかしグーグルとは違って会社そのものが新しくはなかったので、例の新卒者採用とは異なるアプローチが必要だった。一方、彼女はすでに多くのアイデアが生まれているのに、そのままどこかに埋もれていることを察知していた。そこで最終的に、現在のスタッフ全員をアイデア創出マシーンにしようと決断する。

というわけで、マリッサは「CEOチャレンジ」を発表し、新たなビジネスアイデアを提案するように社内の全スタッフに呼びかけ、同時に、多額の報奨金を提示した。

具体的には、あるアイデアが1年に500万ドル（約6億5000万円）の収益増をもたらした場合、その発案者は5万ドル（約650万円）の賞金を獲得するというものだった。「わたしとしては、たぶん20数件のアイデアが寄せられるだろうから、そのうちの6件くらいにゴーサインを出すことになるかなと思っていたんですよ」とマリッサは言う。

ところが、蓋を開けてみると800以上ものアイデアが集まった。そしてマリッサとそのチームは、そのうちの約200件にゴーサインを出した。これらの新たなアイデアが、ヤフーに——ホームページ上のストリーミング広告のような——大きなイノベーションと、さらに莫大な収益増をもたらしたのは言うまでもない。

会社にとって必要な技能を現在の従業員に身につけさせるほうが、比較的小さなスタートアップにとっては容易である。その企業文化はまだ形成期にあり、それだけリーダーは長期的な見通しを立てることができるからだ。それと同じことを大きな企業で行うのも決して不可能ではないが、この場合は時間的な制限に留意する必要がある。マリッサがヤフーに移籍した場合がそうだ。すでに、投資家たちの多くが同社への信頼をなくしていた。彼らの見たところ、ヤフーに残された価値は、同社が保有する中国の巨大インターネット企業、アリババの株式だけだったのだ。

マリッサがヤフーのCEOに就任した当初、アリババ株を保有していたことによって会社は苦しいながらも生き延び、そしてマリッサが経営再建のために行った初期の取り組みの資金もまかなうことができていた。しかし投資家たちからのアリババ株売却のプレッシャーが高まると、マリッサとそのチームは単純に時間的な余裕を失ったのである。

しかしながら、マリッサの在職した最後の6四半期（1年半）、ヤフーが連続してウォールストリートの予測をくつがえし、そして同時に、自社独自の見積もり以上の業績を上げ続けたことは注目に値するだろう。ともかく5年間に、ヤフーは約20億ドルもの新たな収益源を社内に創り出したのだ。もしもう1年の余裕があったら、ヤフーの経営再建をやり遂げることができたはずだと彼女は思っている。

なぜ、海賊さえも進化する必要があるのか

何十年もの間、スタートアップと海賊には相通じるものがあると見られてきた。そして、テック業界内の多くの事柄と同じく、これもスティーブ・ジョブズから始まったことである。スティーブが「海軍に入るより海賊になったほうがいい」という名言を発したのは、彼が最初のマッキントッシュをつくったときだ。その後、マックのチームは乗船し、アップルの虹色のロゴマークを眼帯としてつけた手製の海賊旗までつくっている。そのため、今でもシリコンバレーと聞けば海賊をイメージする人は少なくない。

海賊のイメージを持つ起業家は、実に魅力的な存在に感じられることだろう。自分自身がカトラス（厚くて重い反り身の片刃の短剣）を手に、船上の索具を飛び回るところを想像したくない者がどこにいる？　そして実際のところ、初期段階のスタートアップは本当に海賊船に似ている。海賊は会議を招集したりしない。彼らはすぐに襲撃し、ルールを破り、

リスクを負う。そして目の前を砲弾が飛び交い、形勢が不利となれば、人はこの無謀な海賊魂をもって生き延びようとするものなのだ。

しかし、百戦錬磨のヒーローだったスタートアップが一線を越えて、薄汚い悪党へと――ビジネスの成長が始まると――変節してしまう場合もある。従来の方式を無視して愉快がる文化は、ごく簡単に、勝利のためなら手段を選ばないという文化に変わることがあるのだ。

そしてこの完全に海賊化したスタートアップには第二の問題がある。決してスケールしないということだ。もし海賊として成功したなら、財宝の山は大きくなり、縄張りは広がるだろう。しかし、その広い縄張りをおんぼろ海賊船の寄せ集めでは守ることも監視することもできない。

だから、**どのスタートアップもどこかの時点で必ず、無法な「何でもあり」の文化から脱却して、海軍に近い組織――統率の取れた、コミュニケーションと長期的な戦略を重視する企業体――へと進化する必要がある**のだ。

ホフマンの理論

スタートアップにおけるリーダーとは何か

■ドラムを叩いて鼓舞する

偉大なリーダーが打ち鳴らすドラムは、人々を無理に従わせようとするものではない。それぞれの意志で同じ方向へ進むように、人々を鼓舞するものだ。そのビートは、リーダーの気質や経験、そして会社によって異なる。効率性、イノベーション、または、生活と仕事のバランスにフォーカスすることもあるだろう。あるいは、これらすべてが混ざり合う場合もあるかもしれない。

■思いやりを持つ

思いやりを重視するリーダーシップとは、リーダーが物事すべてを周囲の人々の観点から見ようと努めることである。そして、自分自身を顧みて自省する姿勢と、感情的な反応を自制する努力もまた必要である。人々に注意を払い、そして彼らから学ぼうという姿勢を貫くことにより、あなたも彼らが彼らのリズムを見つけられるように支援することができる。

■真実を告げる、真実を求める

真実を告げる人間であるために、判断基準や原理原則は文書に記録すべきである。そうすることによってあなた自身がより意識的になり、そして明確に他の人々にあなたの考えを伝達できるようになる。また、徹底的な透明性を持つ会社には、自由で自発的なフィードバックが不可欠であるが、同時に、反対意見や批判が建設的でポジティブな方向に向かうように規定する指針やガイドラインをつくるのも重要なことだ。

■人々《チーム》を結びつける

自分のスタッフが7万人だろうと、ひとりのチームだろうと、リーダーが固く団結したチームをつくるには2つのことが必要である。それは崇高なミッションと、日々の人間的な接触だ。ひとつの気高いミッションを掲げ、それに向けて全員が結束して取り組むよう鼓舞し、そしてメンバーがそれぞれに使命感と主体性を持つに至るまで導かなければならない。

■**統率力と長期的戦略**

スタートアップの多くが、その初期段階で海賊に似た振る舞いをする。よく論争し、新たな戦法を思いつき、未知の領域へ突き進むことも厭わない。しかしトップダウン方式に新たな文化を押しつけることによって彼らを調教しようとするのではなく、むしろ海賊の意欲を掻き立て、海軍に近い文化――統率の取れた、コミュニケーションと長期的な戦略を重視する企業体――を自ら形成する方向へ導くべきである。

■**優秀な人材を輩出する**

スターを雇い入れるのは高くつくうえに、ときに、それがまったくできない場合もある。なぜなら、タイミング良く適切な人材を見つけられないことがあるからだ。最高のリーダーは、社内で優秀な人材を育成する者たちである。そうして新たなスターを育成したら、そこから先のリーダーの役割は、行く手を阻む障害物を取り除いて、そのスターたちが輝けるようにすることである。

第10章

社会的なミッションを打ち出す

従業員ファーストを貫く

ハワード・シュルツは、ニューヨーク市ブルックリン東部の町カナーシーの貧困者向け公営住宅で育った。第2次世界大戦に従軍した父親は、戦後、退役して帰国するときに思い描いたアメリカンドリームを果たすことはなかった。

ハワードの父は退役直後に黄熱病を発症し、帰郷とほぼ同時に生活苦に陥る。アメリカ国内は戦後の好景気に沸いていたが、高校中卒者の彼に多くの選択肢はなかった。彼がありついた先の見えない仕事のなかでも最悪だったのは、布オムツを配達・回収する小型トラックの運転手だった。配達の途中、氷の上で足を滑らせて足首と腰を骨折した。そして、その怪我が原因で解雇されたのだが、労働災害補償金も健康保険給付金も受け取れなかった。彼にはセーフティネットがいっさいなかった。

「僕が7歳の頃、学校から帰ってアパートのドアを開けたら、カウチに寝ている父が目に入ったんだ。腰から足首までギプスをはめた姿でね」とハワードは言う。「7歳の僕に、それが今後どんなふうに僕の生活に影響するかなんてわかるはずがないだろう？　でも、両親の苦労を目の当たりにして、僕の心に消えない傷痕がついたんだな。なんというか、スラム街に住む人々に対して人一倍敏感になったような気がした」

何年も後になって、ハワードは自身の会社スターバックス（Starbucks）に、「父が一度も働くチャンスを得られなかった種類の会社組織を、企業利益と良心のバランスを保とうとするような会社を築こうとした」。ハワードはこの業界で最初に仕事を始めた頃から、この微妙なバランスをどう維持していくか考え続けていたという。

1986年、ハワードはシアトルに住み、もともとのスターバックス社——5店舗ほどを経営する地域密着型の比較的小さな会社だった——に勤務していた。しかしイタリア・ミラノへの旅がきっかけとなって、コーヒーについて新たな境地に達する。それは、人々の人生のなかでコーヒーはもっと大きな役割を果たすことができるというものだった。「どの通りにも、エスプレッソバーが2つか3つはあった。僕が目の当たりにしたのは、ロマンスと劇場と、そして歓喜のエスプレッソだったんだ。

イタリア滞在中は、毎日、こういうカフェに通ったよ。そして、だんだん気がついたんだ。——僕と同じように日課みたいにして店に通っている人たちがいるってことに。お互い知らない者同士だけど、なんとなく仲間意識みたいなものがあってね。それはたぶん、ひとつの場所を共有している感覚というか、コミュニティ感覚に近いものがあったんだと思う。コーヒーを片手にくつろぎながら、人と人とのつながりが生まれていたんだよ」

ハワードはシアトルに戻ってスターバックスを退職し、ミラノ風のカフェを数店舗営む会社を設立する。一方、もともとのスターバックスは、カリフォルニア州バークレーに拠点を置くピーツ・コーヒーを買収し、その結果、手を広げすぎて経営難に陥ったオーナーたちが、自社を売却することにした。そして彼らは誰よりも早くハワードに売却条件を提示した。


ハワードは自身が思い描く新タイプのコーヒーショップについてのアイデアで投資家たちを魅了し、スターバックス社と店舗6軒と古い焙煎施設を買収する資金（合計380万ドル＝約5億円）調達に成功する。1987年の末までに彼が獲得していたのは11店舗と100名の従業員、そして「劇場とロマンス」のイタリア風コーヒー文化を国中に広げる夢だった。

しかし、こうした初期段階のビジネス拡張に乗り出す前に、彼にはもうひとつ優先度の高い仕事があった。100名の従業員全員に支給する福利厚生プランを立て始めていたのだ。ハワードの個人投資家たちは、このプランを知って非常に困惑したが、彼らはその後も何度となく困惑の瞬間を体験することとなる。

「どんな会話になったか、想像つくだろう？」とハワードは言う。「僕らは小規模経営の、赤字続きの、先行の見えないビジネスモデルを試している会社だったんだよ。それなのに僕は、『我が社で働く全スタッフに、健康保険と自社株購入権を提供したい』って発言したんだ」

投資家たちは一様に、この決断は誤っていると思った。

しかし、ハワードは良心に基づくビジネスの投資対効果を提示する。「僕はスタッフに投資したいのです」と彼は言った。「離職率が低く抑えられてパフォーマンスが向上すると確信しています。でも僕にとってもっとも重要なことは、スタッフ全員が何か大きなものに帰属感を持つことができる、そういう会社をつくることなんです」

こうして、スターバックスはアメリカで初めて、全従業員——常勤スタッフと、週に20時間以上勤務の非常勤スタッフ——に総合健康保険を提供する会社となった。

「その後、僕らは、アルバイトのスタッフも含めて全従業員対象に、自社株購入権を提供する方法も知りました」とハワードは回想する。

ここで注目すべきは、ハワードが最初に投資家たちにこの話を持ち込んだときに「スタッフに投資するのは、それが正しいことだから」とも「過去に、僕の父が誰からも投資を受けなかったから」とも言わなかったことだ。そうではなく、彼は「**スタッフに投資するのは、それがビジネスにとっていいことだから**」と伝えた。この理由づけがあったから、投資家は後押ししようという気になったのである。

「これまでに僕らが成し遂げたことを振り返ると、何の迷いもなくはっきりと言い切れることがあるんだ。今、76カ国に2万8000店舗のスターバックスがあるけど、僕らにカルチャーと価値観と基本理念がなかったら、決して到達することはできなかった。もし**会社の中核目的が、〝従業員ファースト〟の原則に基づいていなかったら、ビジネスは成功していなかったし**、僕たちは今頃ここにいない」

この発想は、今でも一般的と言うにはほど遠いが、ハワードがスターバックスの経営に乗り出した1980年代後半には、今よりもはるかに珍しい考え方だった。当時の取締役たちも、ハワードの考えをどう受け止めるべきかわからないでいたほどだ。しかし彼の判断は正しかった——その後のスターバックスの、長期にわたる目覚ましい成長に示されるように。

ビジネスが飛躍的にスケールアップすると、経営者は多くの人たちの人生にさまざまなレベルで影響をもたらす。**経営者の下した決断は、従業員や顧客や、そしてコミュニティ全体に関わってくる。**つまり、起業家は世界を——良くも悪くも——形成する機会を得るということだ。

これは、自分自身に「ビジネスと社会の両方にプラスになる影響を、私はどうすれば与えられるのだろう?」と自問すべき問題である。

しかも、こうした事柄はビジネスの単なる副産物ではない。十分に戦略を練れば、それはビジネスの核になる可能性もあるし、また、そうなるべきものでもある。

「いいことをする」と「いい経営をする」は相反しない

スターバックスの最初期から、ハワード・シュルツは、会社の成功と従業員の成功が絡み合う未来を思い浮かべていた。「僕は古い日記帳を何冊も持っているんだ」とハワードは言う。「そこには、新しい会社で利益と良心の微妙なバランスをとれるようにするために、どんなビジネスプランが必要なのかってことを書いていた」

利益と良心のバランスというのは、現実的には複雑な課題である。

「まず理解しておかなければならないのは、僕らには従来のマーケティングや広告や宣伝活動をする資金はまったくないということだった」とハワードは言う。

「だから、僕らはスターバックスというブランドを店内での体験によって定義づけるしかなかった。そして僕らのブランドの純粋価値は、スタッフの期待を上回る店長と会社幹部、そして顧客の期待を上回るスタッフとで定義づけられると考えたんだ。かなり早いうちにね。

それと、コーヒーを味わうというのはとても個人的で日常的な体験だから、顧客と親密な関係を築く機会がたくさんある。そんなふうに人と人とのつながりを大切にすることも、ブランドの純粋価値になると思ったんだよ」

健康保険と自社株購入権は、ほんの序の口だった。投資家たちは、再びショックを受けることになる。ハワードが多くの従業員を対象に無償で大学教育を提供すると発表したからだ。「そうなると莫大な費用がかかるわけだから、そこまでする余裕はないんじゃないかと不安や疑問の声も出たよ」とハワードは言う。「でも、他の件と同じように、集まったみんなが知恵を絞って、そうしてエゴを追っ払ってしまうとね、最後にはどうにかコスト・ニュートラル（費用を回収できて損はしないという意味）にする方法を見つけることができたんだ」

2014年、スターバックスはアリゾナ州立大学（ASU）との前例のない提携により、全米の週に20時間以上勤務するスターバックス従業員に完全無償のオンライン大学教育を提供するプログラムを導入した。授業料は、スターバックスが60％、ASUが40％という割合で負担する。オンライン授業に限定したのは、従業員の仕事との両立のためでもあり、ASUのコストを抑えるためでもあった。

ここでまた注目すべきは、ハワードとそのチームは大学教育の無償提供に関しても他のビジネス戦略とまったく同じようなアプローチをとったことだ。彼は「教育は極めて貴重だ。だから費用はいくらかかってもいい」とは言わず、「**金額に見合う最大限の価値を得る方法を突き止めよう**」と主張した。

スターバックスの福利厚生プランは、一見すると、途方もなく気前がいいと思えるかもしれない。しかし、この気前のよさは利益を生む――やがて、中国でそうなったように。

現在、中国国内にあるスターバックスの店舗数は4800店を超え、15時間おきに新店舗が1店ずつオープンしている。

しかし、以前からそうだったわけではない。

「中国では9年連続で赤字だった」とハワードは言う。「それで投資家たちに言われたんだ。『これはダメだってことだよ。なにしろ、お茶を飲む国だから仕方がない。撤退するべきだ』と」

赤字に加えて、スターバックスは中国人スタッフを保持することにも苦労していた。しかし、従業員の生活向上に長年目を向けていたハワードは、中国では、子どもの進路決定に対する父母の発言権がかなり大きいことに気づいた。一方、中国のスターバックス店舗を運営するスタッフの大半が大卒者である。ハワードが最終的に思い至ったのは、彼らの父母はきっと「私はきちんと息子や娘を大学まで行かせた。でも今、その子はコーヒーを客に出す仕事に就いている――アップルやグーグルやアリババで働くんじゃなくて。これは間違っている」と思っているらしいということだった。

こういう影響力のある父母が子どものキャリアに対して不満を感じていることが、高い離職率の背景にあり、ひいては会社の成長を妨げる要因になっていたのだ。

ハワードの解決策は、中国人スタッフの父母にスターバックスの福利厚生プランと、その背後にある従業員ファーストという経営哲学を明確に示すことだった。

まず、全従業員対象の医療保険をその両親にまで拡大した。その結果、スタッフ保持率は急速に上昇。次に、中国で大切にされている家族中心の価値観を、会社が十分に理解していることを示すために、ハワードは取締役会でこう告げた。

「僕は、中国のスタッフ全員の両親が年に一度集まる会合を開きたい」

中国ではスターバックスが15時間おきに新店舗を1店オープンしていることを覚えているだろうか？　ハワードが「中国のスタッフ全員の両親」と会合を持とうと言うとき、それが意味するのは、友好のしるしに何人かの父母と握手を交わす程度の話ではないのだ。ご想像通り、これはまだ足がかりさえつかんでいないマーケットに膨大な予算を組むということで、そのビジネス上の価値についてハワードが取締役を納得させるのは容易なことではなかった。

しかし、スターバックスの父母イベントは大成功し、予定通り、年に一度の恒例行事となる。「この父母の集いは、スターバックスで働く人々の家族を祝福する場であり、そして、彼らの子どもたちに配慮する僕たちを祝福する場でもあるんだ」とハワードは言う。

「国内のあちこちに住む両親のために飛行機のチケットを手配して、上海や北京まで来てもらうのだけど、そのほとんどが、空の旅は初めてだという人たちなんだよ。それに、スタッフたちには両親を招待していることを内緒にしておいて当日ビックリさせるんだ。だから、実に感動的な集いになる。僕自身、これには毎年欠かさず駆けつけたいと思うくらいだ」

このイベント開催により、スタッフ保持率は急上昇し、その結果、カスタマー保持率も伸びた。ビジネス上の問題がひとつ解決されたわけだが、これがもたらした成果はそれだけではなかった。ハワードは、この集いをきっかけに、**世界規模の会社にとってもっとも重要なものが「人間性」である**ことを初めて理解したという。

「僕がこういう瞬間に深く感動するのは、そこにスターバックスの精神とカルチャーと価値観が満ちているからなんだよ。僕らがこれらすべてを通して学んだもの、それは誰もが人間的なつながりを求めているということなんだ」


しかしスターバックスのようにビジネスの規模が巨大化すると、会社は必ず新たな試練に直面するものだ。「どうやって良いことをする?」と「どうやって良い経営をする?」という一対の問いは、起業家のビジネスチャンスと責任の規模が大きくなればなるほど、ますます複雑になり、同時に、顧客が「収益」に、従業員が「頭数」になるのを防ぐことが困難になるからだ。

ハワードは、スターバックスがそうした落とし穴をほとんど回避できているのは、「良いことをする」という価値観を創業とほぼ同時に確立していたからだと思っている。そして、何年にもわたって成長を続けるなかで、その価値観が会社の成功と明確にリンクするようになったからだ、と。

「スターバックスは、価値追求の会社なんだ。そのあとに利益がついてきて、結果的に僕らは非常に大きな収益を得ている。ビジネス上の決断は、必ずしも経済的なものでなくても良いのではないか、と僕は思っているんだ。僕らの財務実績は、僕たち自身の手で常に守り育てようとしている価値観やカルチャーと直接的に結びついているんだよ」

ホフマンの分析

何を会社のミッションとするのか

「トロイの木馬」が元々どういう物語だったかは知っている人も多いだろう。

基部に車輪をつけた巨大な木馬が、古代都市トロイアの門に現れた。これは、10年にわたってトロイアを包囲していたギリシア軍から、和平の贈り物として届けられたものだ。しかし木馬のなかには、偉大なる戦士オデュッセウスと30人の精鋭部隊が潜んでいた。門が開かれると、木馬は市内に運び込まれる。日が暮れるのを待って、兵士たちは木馬のなかから抜け出し、残りのギリシア軍を通すために門を開いた。こうしてたちまちトロイアは陥落した。

もちろん、大殺戮《さつりく》を展開する血に飢えた兵士たちの話と、より高い目標を持ってビジネスに挑む話とはあまり接点がない。同じく、あなたの会社のＩＴ部門が闘っている「トロイの木馬」という名のウイルスとも接点はほとんどない。しかし、想像してほしい。あなたが突破しようとしている境界線が、都市国家の防災ではなく、また、無防備なインターネットユーザーのファイアウォールでもなく、もっと別の種類の壁だったらどうだろうか？

社会に深く根付いた偏見という壁。あるいは、難治性疾患、固定化した不平等、怠惰な思い込みといった壁もあるだろう。

木馬の腹に部隊を潜ませる目的が、暴力を振るうことになるのではなく。人間の経験を制限している壁を打ち壊すことにあったらどうだろうか？

詰まるところ、トロイの木馬の良し悪しは、その目的によって決まるのだ。そしてビジネスやキャリアにおいては、道徳に叶ったトロイの木馬――創業者が抱く第二の目標を成し遂げる頑丈な構造物――となることもあるだろう。つまり、**その会社のミッショ**

ンがビジネスの成功であり、同時にまた、有意義な社会変革でもあるという場合だ。

善意に基づくミッション

グアテマラに生まれ育ったルイス・フォン・アンが子ども時代に夢見ていたのは、デジタル技術を駆使した言語学習アプリの設立者になることではなかった。また、ユニコーン企業（評価額が10億ドル以上の未上場スタートアップ企業）の創業者になることでもなかった。

「僕は数学の教授になりたいと思っていました」とルイスは言う。

高校3年になると、彼は最高の数学教育を受けるためにアメリカの大学に進学しようと決心した。「でも、合衆国に留学するには英語運用能力テストを受けないといけません」とルイスは回想する。彼はTOEFLを受験しようと計画したが、そこで小さな問題にぶつかった。「グアテマラ国内の受験会場は、もう満席だったんです」

ルイスは他の選択肢がないかと周囲を見回し、隣国のエルサルバドルのTOEFL試験会場に空席があるのを突き止める。「幸運にも、僕にはそのテストを受けにエルサルバドルまで飛行機で行けるだけの経済的な余裕がありました」とルイスは言う。それでも、これは決して楽なことではなかった。「グアテマラは治安のいい国ではありませんが、当時のエルサルバドルはそれよりはるかに危険な国でした。それでも僕は行かなければならなかった。何が何でもテストを受けなければならなかったんです」

「そのときですね。僕が心に決めたのは。将来、ＴＯＥＦＬを滅ぼす何かをつくろう、と」

ルイスはテストで見事なスコアを出し、デューク大学に入学を認められ、無事にアメリカ留学を開始する。そしてそのテストを滅ぼすという自身の欲望は、脇へ置いておくことにした――しばらくの間は。

しかし何年も経って、ルイスがカーネギーメロン大学でコンピュータ科学の教授職についた後、彼の直感的なパッションが再燃し始める。自身の専門が現在のクラウドソーシングに近い技術だったこともあり、彼はこの**コンピュータ技術を使って多くの人々の努力を生かせるツールを創出したい**と考えた。そして同時に「僕は何か教育と関係のあることをしたいとも思いました。何か、グアテマラのような国の助けになることを。それで、新しい形の言語学習を思いついたんです」とルイスは言う。

彼は、世界中の人々が英語を学び、その成果を証明するのに年間五十億ドルから百億ドルも使っていると知った瞬間、人々がどこにいても無料で英語を学べるツールを自分で作れるかもしれないと思った。こうして誕生したのが、言語教育プラットフォームのデュオリンゴ

(Duolingo) である。

現在、デュオリンゴは短期間に効率よく学べる細切れの言語レッスンを提供している。1カ月間に70億回の演習を完了するユーザー数は、3億人以上。また、学習コンテンツのほとんどが、熱心なユーザーによってつくられているため、スペイン語・中国語・アラビア語などの他にも、もっと難解な言語、すなわちエスペラント語やナバホ語、さらにはクリンゴン語（『スタートレック』に登場する宇宙人の話す言語）まで学べるという。

ルイスがデュオリンゴを発足したとき、提供できたのはスペイン語とドイツ語のレッスンだけだった——というのも、彼自身がスペイン語コースをつくり、スイス人の共同創業者がドイツ語コースをつくったからだ。それでも相当な成功を収めた。しかし彼には、規模を大きくするにはもっと多くの言語コースが必要だとわかっていた。「そのとき、ふと頭に浮かんだのがクラウドソーシングでした。いろんな人の力を借りてコースを増やせばいいんじゃないか？　って思ったんです」とルイスは言う。

ルイスはさっそくこれを試してみた。つまり、誰かがある特定の言語の翻訳コースがあるかどうかを尋ねたら、彼はこう答えたのだった。「いいえ、ありません。もし良ければ、そのコースをつくるのを手伝ってくれませんか？」——人々はこれを徐々に承諾するようになり、それを受けて、ルイスはデュオリンゴの言語学習コースをつくるツールの公開に踏み切った。すると1週間で、約5万人のユーザーから言語追加の申し込みがあったという。こうした多くの人々の貢献度が極めて高かったことから、デュオリンゴは、クラウドソーシングを使ったビジネス形態として類を見ない好例であると称賛されている。

デュオリンゴが急速に成長できたのは、ユーザーがルイスの追求する——人々に無料で受けられる言語教育を提供するという——**ミッションに呼応しただけではなく、そのミッション遂行に加わりたいと思ったからだ。**つまり、デュオリンゴは人々の善意が結実したものと言って良いだろう。

ルイス自身も、この使命を果たすために苦労を惜しまなかった。たとえば、報酬なしで言語コース作成に貢献した人たち全員が、必ず自分のつくったコンテンツの所有権を保持できるように、デュオリンゴと契約を交わすシステムを考案した。また、言語コースすべてを完全無料で提供し続けるための方策も練り上げた。

「僕たちは学習コンテンツに課金したくなかったんです」と彼は言う。「一般的には、教育産業で収益を得る方法は、学習コースを有料にすることなんですが」

代わりに、ルイスは各レッスンの終わりに自動で広告を流すことにした。多少の収益になるかもしれない、と彼は考えたという。「今では、そのちょっとした広告から何千万ドルもの収益を得ています」

その後さらに、定額制サービスを導入して、ユーザーに広告非表示の選択肢を与えた。「あっという間に、そのサービス料が広告収入を上回ってしまいました」と彼は言う。

現在、デュオリンゴは他のどの教育アプリよりも収益を上げている。そしてもちろん、ルイスは「コンテンツに課金しない」という自らの誓約を一度も破っていない。

ルイス個人にとってもっとも満足を感じるサービスは、デュオリンゴ独自バージョンのＴＯＥＦＬである。つまり彼は、自分を含めて何百万人もの人たちがアメリカ留学のために受けなければならなかった、あの時代錯誤とも言えるテストに代わるオンライン英語運用能力試験を開発したのだ。それは低額（49ドル）であるばかりか、受験のためにどこかへ——たとえば、紛争地帯へ——行く必要もない。

ホフマンの分析

ミッションを共有し、クラウドのパワーを活かせ

私は、クラウドソーシングによってビジネスは予想外の成長を遂げることができるだろうと確信している。ただし、それはビジネスの目標と不特定多数の人々の意欲がしっかりと結びついた場合である。

ルイス・フォン・アンは、クラウドソーシングに巨大な人的資源があることをはっきりと示した。デュオリンゴをここまで大きく成長させたのは、まさにその人的資源だった。

同じような結果が表れたのは、2000年に、チャールズ・ベストが初めてのクラウドソーシング・プラットフォーム、ドナーズチューズ（DonorsChoose）を創設したときだった。チャールズは、学校の教室プロジェクトを支援する活動に好意的な人々が世の中にはたくさんいることを知っていた。チャールズの善意に基づくミッションが、そうした人々の意欲と結びついた結果、このプラットフォームは急速に発展したのである。

そして実のところ、そのクラウドの一部だった経験豊富な教師たちがやがてボランティア審査員となり、プロジェクトの選定を行うようになった。これによって運営側の時間も費用も節約されたのは言うまでもない。

そしてクラウドソーシングをうまく機能させるのに欠かせないのが、まさにこの類いの提携だろう。そもそもクラウドソーシングは、組織内に不足している技能を開拓する――そしてスケールする――方法のひとつである。

ミッションを共有する人々をひとつの旗印の下に集結させることは、クラウドソーシングの究極の理想である。ただし、彼らをそこに留めておくには、それぞれの関心や情熱に即した協力形態を指し示し、そして常に、すべての協力者が何か価値あるものに参加している実感を持てるように配慮しなければならない。

ところで、心に留めておいてほしいことがある。それは、**あなたのほうからユーザーに働きかけて、ある目標のためにパートナーになろうと提案したら、ユーザーたちは想定よりも大きな希望を抱くだろう**ということ。もし彼らを失望させれば、その後は会社が言うことにも、そしてプロダクトにも不信感を抱くようになる。

追加機能としての社会貢献

この章の冒頭で提起したのは、ビジネスを立ち上げた初日に社会的なミッションも打ち出すべきだということだった。しかし、いわば「ちょっと遅れて」社会に貢献する取り組みを始める例も数多くあるだろう。

インスタグラム（Instagram）のケビン・シストロムの例を見てみよう。

彼は以前から、起業家としての自分の人生の目的は、常にもっと大きな何かを成し遂げること、世界に多くの美しい写真を残すこと以上に大きな何かを成し遂げることだと言っていた人物だ。

インスタグラムをフェイスブックに売却した後、ケビンとその共同創業者、マイク・クリーガーは、**自分たちが次の世代に残したいものは何だろうかと考えるようになった。**

2人は、会社が成功して日を追うごとに成長し続けていることに感謝していた。しかし同時に、2人に巡ってきたユニークな機会に気づいてもいた。社会変革をもたらすために、自分たちの巨大なプラットフォームを活用する機会だ。そこで2人は話し合った。

「僕らは、このプロダクトの向こうにある世界にどんな影響を与えることができるのだろう？」

ケビンとマイクは、若者たちがインスタグラムに途方もない時間を費やしていることをよく知っていた。若者たちはインスタグラムを通して世界について学び、インスタグラムを通して自己表現を芸術的に行い、そして友だちや家族やクラスメートたちと、このプラットフォームを通して会話している。しかし、その共同創業者であるケビンとマイクには、こうした会話にひどい嫌がらせも含まれていることが気がかりだった。

2人とも、そろそろ子どもを持とうと考え始めていたからだ。そして実際に、間もなくケビンの娘、フレイアが生まれた。ケビンは自分自身にこう問いかけたという。「僕らはこの世界に何を残したいんだ？　何を残せば、フレイアが大きくなって、ソーシャルメディアを使うようになったとき、今の子どもたちみたいにネットの悪質な書き込みにさらされなくてもすむようになる？」

2人の共同創業者は、どうにかしてインターネットにもっとやさしさを持ち込もうと固く決心する。

ケビンは、自身のチームに問題提起をした。

「インスタグラムを通してもっとやさしいインターネットに変えるために、機械学習（学習データにより自動で改善するコンピュータアルゴリズムのこと）を使ったツールをつくるとしたら、君たちはどんなのをつくれるかな？」

最初、チームのメンバーは互いに顔を見合わせ、肩をすくめただけだった。しかしケビンはこのアイデアを堅持して、チームに告げた。「難しい問題だからこそ、僕らは攻略するんだ」

結局、スパムメールのフィルタリングのために使った機械学習とAI技術が、ネットいじめやハラスメントを検知するのにも使えることが判明した。

仕組みは比較的単純である。まず、インスタグラムは、ユーザーから大量のデータ――たとえば、「ねぇちょっと、これは誹謗中傷だと思うんだけど？」のような指摘――を集める。次に、そうした指摘が正当なものかどうかを調べるために、熟練したチームがすべてのフラッグ箇所をひとつずつ見ていき、その結果をニューラル・ネットワーク（機械学習のサブセットであり、ディープラーニング・アルゴリズムの中心に位置するもの）に入力する。

最後にアルゴリズムが使うのは、当該の人たちがお互いにどの程度の知り合いなのか、それ以前のやり取りはどうだったのか、そしてその人たちに何人のフォロワーがいるのかといった判断基準だ。こうしたいくつものシグナルの組み合わせから、最終的に、任意のコメントや投稿が実際に嫌がらせを含んでいるかどうか判断される。そして、嫌がらせと判断された投稿やコメントは、自動的にインスタグラムが非表示にするのだ。

現在、インスタグラムのこうしたフィルター機能は、プラットフォーム上でやさしいやり取りが行われているかどうかを監視する役割を果たしている。「少しずつではありますが、インターネットは前よりやさしくなったと、僕なりに手応えを感じています」とケビンは言う。「でも一番厄介なのは、そのやさしさをどうやって測るのかってことなんですよね」

ケビンは、まさか自分のソーシャルメディア会社がこのような困難な課題に挑むことになるなどとは思ってもいなかった。しかし彼は今、この「いじめ撲滅運動」を自身の最大の業績のひとつと見なしている。

ホフマンの理論

「社会にとっていいこと」をビジネスにする

■自分の会社を「トロイの木馬」と考える

社会変革は、あなたのビジネスの単なる副産物として位置づけるべきではない。十分に戦略を練れば、それはビジネスの心臓部になる可能性もあるし、また、そうなるべきものでもある。

これは、自分自身に「私は善良な人間だから、私のつくった会社は良いことをするはずだ」と言い聞かせてすむ問題ではない。「ビジネスと社会の両方にプラスになる影響を、私はどうすれば与えられるのだろう?」と自問すべき問題である。

■創業第1日目から社会的意義を目標に掲げよう

企業が善意に根ざしたミッションを掲げているなら、そして、それを効果的に世界に向けて発信することができるなら、そのミッションはあなたの企業をスケールアップする推進力になるだろう。

■「善」への方向転換はいつでもできる

善をなすのは、必ずしも最初からである必要はなく、いずれそこへ到達できる場合もある。ビジネスモデルを切り替えるのが困難なときもあるかもしれないが、もしあなたが善意をスケールしようと思うなら、そのための最高のツールは、自分自身の体験や、現状に対する思いや、そして将来への希望を赤裸々に語る能力である。

■「より良い世界」が追加機能である場合

より良い世界にすることと直接には関連しないプロダクトを提供する会社でも、その提供しているものを改めてじっくりと見直してみる価値はある。なぜなら、どこかに隠れている目標が見つかるかもしれないからだ。たいていの場合、真っ先に探すべきところは従業員たち、そして地域社会との関わりのなかである。

■とにかく害を与えてはならない

起業家は社会に対して責任を負っている。安定した社会基盤がなかったらビジネスを創出することも、成功の報いを受け取ることもできない。

「まず、害を与えてはならない」というヒポクラテスの誓いにある基本理念を守るべきだ。起業家として以前よりも住み良い社会を残すために懸命に努力しなければならない。

本文中の円換算は1ドル＝130円（一部、四捨五入）で行っています。

MASTERS of SCALE
Reid Hoffman with June Cohen and Deron Triff

Japanese translation rights arranged with Wait What Inc.
c/o Fletcher & Company, New York
through Tuttle-Mori Agency, Inc., Tokyo

リード・ホフマン (Reid Hoffman)

起業家・経営者。
ベンチャー投資会社「グレイロック・パートナーズ」のパートナー。
「ペイパル」でエグゼクティブ・バイス・プレジデントを務めたのち、
2003年にビジネス特化型ソーシャルメディアである
「リンクトイン」を共同創業。現在、全世界で6億5000万人の
利用者を擁する巨大企業に育て上げる。投資家・アドバイザーとして
「フェイスブック(現・メタ)」や「エアビーアンドビー」など、
数々の企業の成功に貢献。彼が提唱する「ブリッツ・スケーリング」は、
総力を挙げてスタートアップを急成長させる手法として認知されており、
世界中の起業家たちから尊崇を得ているシリコンバレーの
最重要人物の1人である。本書の元になった
ポッドキャスト『マスターズ・オブ・スケール』の司会を務める。

ジューン・コーエン (June Cohen)

ポッドキャスト「マスターズ・オブ・スケール」を運営する
「ウェイトワット」共同創業者。
2006年には「TEDトーク」の起ち上げに参加し、
ネット上でのメディアの構築に尽力。
2009年には「TEDオープン・トランスレーション・プロジェクト」を導入。
TEDトークが全世界120言語で翻訳され、
より多くの視聴者が閲覧できるしくみをつくった。

デロン・トリフ (Deron Triff)

ポッドキャスト「マスターズ・オブ・スケール」を運営する
「ウェイトワット」共同創業者。以前は、コーエンとともに
「TEDトーク」のエグゼクティブ・チームの一員として活躍。
「ネットフリックス」や「ナショナル・ジオグラフィック・ラーニング」などとの
パートナーシップ構築に貢献し、英語圏以外において
月間1億人以上の視聴者増加を達成した。

大浦千鶴子 (おおうら・ちづこ)

翻訳家。自己啓発書、ビジネス書などの翻訳にたずさわるほか、
外語学院講師や英語教室の運営も行っている。
訳書に『頭のいい人のセンスが身につく 世界の教養大全』(マガジンハウス)
『Dark Horse 「好きなことだけで生きる人」が
成功する時代』(三笠書房)など。

マスター・オブ・スケール

世界を制したリーダーたちが初めて明かす 事業拡大の最強ルール

2022年10月6日　第1刷発行

著者　リード・ホフマン
ジューン・コーエン
デロン・トリフ
訳者　大浦千鶴子
発行者　鉄尾周一
発行所　株式会社マガジンハウス
〒104-8003 東京都中央区銀座3-13-10
書籍編集部　電話03-3545-7030
受注センター 電話049-275-1811
印刷・製本所　大日本印刷株式会社
ブックデザイン　小口翔平＋畑中茜＋須貝美咲（tobufune）

マガジンハウスのホームページ https://magazineworld.jp/

　ISBN978-4-8387-3209-8 C0034